全国中等职业学校会展专业系列教材

会展法律法规

陈燕　主编

中国财政经济出版社

图书在版编目（CIP）数据

会展法律法规/陈燕主编．—北京：中国财政经济出版社，2008.4
（全国中等职业学校会展专业系列教材）
ISBN 978-7-5095-0537-3

Ⅰ．会… Ⅱ．陈… Ⅲ．展览会-管理-法规-中国-专业学校-教材 Ⅳ．D922.16

中国版本图书馆 CIP 数据核字（2008）第 028114 号

中国财政经济出版社 出版
URL：http：//www.cfeph.cn
E-mail：cfeph @ cfeph.cn

社址：北京市海淀区阜成路甲 28 号 邮政编码：100036
发行处电话：88190406 财经书店电话：64033436
北京财经印刷厂印刷 各地新华书店经销
787×1092 毫米 16 开 10.75 印张 221 000 字
2008 年 4 月第 1 版 2008 年 4 月北京第 1 次印刷
印数：1—3 060 定价：19.00 元
ISBN 978-7-5095-0537-3/D·0024
（图书出现印装问题，本社负责调换）

序言

1851年英国的万国博览会是人类进入工业社会后对社会发展成就第一次正规的大规模展示活动，是世界会展历史的里程碑。从那时起，会展所涉及的领域不断扩大，涵盖了经济、文化、科技等各个领域，逐渐形成了现代会展产业。会展业集商品展示、商品贸易和经济技术合作为一体，并兼具信息咨询、投资融资、商务服务等配套功能，以其超常的关联影响和对举办地经济的拉动作用，成为本世纪的朝阳产业，会展经济也因此被喻为国民经济的“晴雨表”和“助推器”。

在我国经济日益融入世界贸易体系之中的大环境下，现代的科学技术和管理技术给会展业带来了新的契机，使会展业的改革、发展与创新出现了新的局面。现代会展给团体或个人提供了经济文化交流活动的良好机会，蓬勃发展的会展产业已经成为世界经济活动的重要组成部分，成为世界经济增长的一个亮点，也成为业内人士关注和研究的热点。会展是国民经济相关行业和企业发挥竞争优势，赢得经济效益和社会效益的重要途径。

改革开放三十年来，我国的经济发展已步入快车道。伴随着高新技术、信息产业的快速发展及国内外贸易的扩大，人们越来越需要会展，并对会展业的发展提出了新的要求。随之而来的是，会展专业人才严重匮乏的问题日渐凸显，会展人才培养、培训正成为职业学校满足社会紧缺人才培养、培训的重要课题之一，被越来越多的中、高职学校所重视。

会展实践需要人力资源的支撑，中等职业学校承担着培养会展企业基层员工的重任。为了更好地适应现代会展经济的发展，适应社会和企业对会展人才的需要，我们根据教育部颁发的有关文件的精神，以全面提高中职学生素质为基础、以学生能力培养为本位、以企业需求和就业为导向，进一步突出中职教育的特点，组织编写了这套面向会展企业基层员工岗位培养方向的“全国中等职业学校会展专业系列教材”。本套教材从基层岗位人员“应知应会”原则出发，人才定位较准确，实用性较强，适应了会展教育服务会展行业发展的需求，希望能对我国会展教育和会展行业的发展起到积极的推动作用。

本套教材在课程体系的构成上强调“大专业，小方向”的组织模式，用会展专业职业能力结构中通用部分构筑能力平台，形成核心知识体系。全套书由《会展基础知识》、《会展策划》、《会展客户服务》、《会展营销》、《会展设计》、《会展法律法规》、《会展物流》、《会展文案》八本教材组成。其编写内容遵循了会展企业基层员工的认知规律，采用单元式结构进行编写，便于教师运用行动导向进行教学。全套教材结构新颖、观点科学、逻辑严密、内容丰富、资料翔实、体例活泼、重视实训、自成体系。

本套教材既与会展实践联系紧密，又根据现代中职生的特点，在教材的可读性上下了很大功夫，注重强化学生会展组织接待、策划文案、宣传推介、沟通协调等方面的综合能力及客户服务意识与技能的培养，以期提升会展专业学生适应工作岗位的能力。

作为我国会展培养、培训教材的组成部分，本套教材的出版虽然在体例结构上有所创新，但毕竟会展专业在我国还是一个非常年轻的学科，没有既定的模式和体系，可资借鉴的资料不多。因此，要从会展业发展的实际出发，从会展业务的内涵、特性和内容出发，创立一套较为科学、系统的体系绝非一日之功，创作上有相当大的难度。因此，本套教材中一定存在有不够完善的地方，有些问题还可能值得商榷，这有待于今后不断修正、补充与完善。在此我们恳请各位专家学者批评指正，并诚挚希望使用本系列教材的老师、同学能把教材的使用情况及时反馈给我们，以利今后修订、修正，进一步提高教材的品质，为培养更多的会展专业应用型人才贡献我们的绵薄之力。

中国财政经济出版社中职教材编委会

2008年3月

编写说明

本书是全国中等职业学校会展专业系列教材之一，是为中等职业学校会展专业及其他相关专业教学需要、会展从业人员培训及学习参考而编写的。

会展业在我国健康有序的发展，离不开法律的保驾护航。作为会展专业人员应当全面了解与规范会展运营行为相关的法律、法规，提高法律意识，树立“依法治展”的观念。

为了满足教学的要求，本书在编写过程中紧密结合会展实践和目前我国中等职业学校学生的特点及培养目标，注重文字的简洁性、逻辑的条理性和易教易学性，较为全面、系统、科学地阐述了与会展业规范发展紧密相关的法律法规以及专门的规章制度。本书既可作为中等职业教育会展、旅游、文秘等专业的教学用书，也可作为会展企业、参展企业、有关地方政府职能部门和会展从业人员的参考用书和培训用书。

本书共分7单元，内容包括会展商事组织法、会展合同法、会展市场规制法、会展安全管理与风险转嫁规制、会展经济纠纷解决规制法、国内办展规定、出国办展规定等。本教材建议学时为72学时，具体学时分配如下表所示。

学 时 分 配

单 元	内 容	建议学时
一	会展商事组织法	8
二	会展合同法	10
三	会展市场规制法	12
四	会展安全管理与风险转嫁规制	8
五	会展经济纠纷解决规制法	7
六	国内办展规定	15
七	出国办展规定	12
总 学 时		72

本书由无锡旅游商贸高等职业技术学校陈燕担任主编。参加编写的人员有：无锡高等师范学校许静（第一、七单元）、无锡旅游商贸高等职业技术学校陈燕（第二、三单元）、无锡机电高等职业技术学校严志华（第四、五单元）、无锡旅游商贸高等职业技术学校陶瑾（第六单元）。他们对教材的编写倾注了大量心血，参与审稿的专家也提出了许多具有建设性的意见和建议，为教材的顺利出版作出了贡献。

为满足用书学校任课老师的教学需要，本教材还配有电子教案，如有需要，请以电子邮件的形式向中国财政经济出版社索取。E-mail：chenbing@cfeph.cn。

会展法律法规作为一门新课程，目前还不够规范和系统。虽然在编写过程中我们借鉴了许多教学成果，对教材的结构、特点进行了反复研究和推敲，但由于成书时间仓促，加之编者能力和认识思考水平有限，疏漏和错误之处肯定不少，敬请广大读者批评指正，以便修订时加以完善。

编 者

2008年3月

目　录

第一单元 DIYIDANYUAN

会展商事组织法

学习目标

- □ 知晓公司法的定义和性质
- □ 熟悉公司的概念和法律特征
- □ 熟悉违反公司法的法律责任
- □ 掌握有限责任公司和股份有限公司的设立和转让
- □ 掌握有限责任公司和股份有限公司的登记、变更和注销程序
- □ 掌握外商投资会展公司的设立条件、申请程序和经营范围

案例导读

上海国际汽车展的组织者

2003年上海国际汽车展网站发布的“关于我们”是这样写的：

批准单位：上海市人民政府

主办单位：中国汽车工业协会、上海市贸促会、中国国际贸易促进委员会汽车行业分会

承办单位：上海市国际展览有限公司、德国慕尼黑国际展览有限公司、国际交易会及展览有限公司

协办单位：上海汽车工业（集团）总公司

特别支持单位：中国机械工业联合会

支持单位：中国汽车工程学会

（资料来源：王玉松：《会展业的法律法规》，上海人民出版社2005年版，第21页）

想一想：

1. 会展活动的组织者应符合国家的哪些规定和要求？

2. 本案例中，主办单位和承办单位有何区别？

会展组织者是一个会展事件的发起者，也是整个会展事务的执行者，更是展后事务的处理者，在会展中处于主导地位。由于其在会展中所起的作用，会展组织者必须能够独立承担法律责任，因此其必须是独立的法人。从法律的角度讲，会展组织单位不但应该满足我国《民法通则》、《公司法》规定的法人条件，而且

应该满足国家的特殊要求。如上例，在主要的会展组织者中，主办单位和承办单位在法律主体人格的属性上显然不同，主办单位是事业单位法人，承办单位是企业法人。在会展具体事务的处理上，一般是承办单位在起作用，整个会展的运作也是承办单位在执行。而承办单位基本上都是根据《公司法》设立的公司，其运行也必须遵守《公司法》的相应规定。

本单元我们学习会展企业设立的条件、程序和应承担的法律责任等有关会展商事组织法的内容。

模块一　公　司　法

一、公司与公司法

（一）公司

1. 公司的概念。**公司是由两个或两个以上股东以营利为目的，共同出资，依法定条件和程序设立的企业法人。法人是具有民事权利能力和民事行为能力，依法独立享有民事权利和承担民事义务的组织。**

我国《公司法》第二、第三条规定："本法所称公司是指依照本法在中国境内设立的有限责任公司和股份有限公司，有限责任公司的股东以其认缴的出资额为限对公司承担责任，股份有限公司的股东以其认购的股份为限对公司承担责任。"

2. 公司的法律特征。

（1）**合法性**。公司必须依照公司法规定的条件和程序设立。公司构成的基本要素为资本、章程和组织。公司成立之后，也必须严格依照有关法律规定进行管理、从事经营活动。

（2）**营利性**。公司是以营利为目的的经济组织，作为企业，应当通过自己的生产、经营、服务等活动取得实际的经济利益，并将这种利益依法分配给公司的投资者。强调公司以营利为目的，并不否定公司应承担的社会责任，不能把追求营利与社会利益对立起来。

（3）**独立性**。公司是具有法人资格的企业，有自己独立的财产和经费，有自己的名称、组织机构和营业场所，能独立地承担民事责任。

（4）**集合性**。公司的设立一般必须有两个或两个以上法定数量的股东。股东按照公司章程规定，共同出资，共享利润，共担风险，从而表现出集合性的特点。

（二）公司法

1. 公司法的概念。公司法是调整公司设立、组织及其对内对外活动中所发生经济关系的法律规范的总称。

2. 公司法的性质。

(1) 公司法兼具组织法和行为法的双重性质，以组织法为主。作为组织法，公司法对公司的设立、变更、终止、公司内部机构的设置及其职权等都作出了规定；作为行为法，公司法对公司的财务，会计管理，股票的发行、转让，公司债券的发行等都作出了规定。

(2) 公司法兼具实体法和程序法的双重性质，以实体法为主。公司法调整公司组织活动，对参与公司活动的各种主体的资格条件、权利义务以及法律责任等作出了规定。公司法除规定实体内容外，还就保障权利实现、追究法律责任等程序内容作出了规定。

(3) 公司法兼具强制法和任意法的双重性质，以强制法为主。第一，公司法中的规定，既有强制性的，也有非强制性的，但强制性的占大多数。公司法是商法的组成部分，属于私法范畴，但私法活动的主体必须遵守的共同行为规范具有法律上的强制性。第二，公司法体现了国家干预的原则。因为公司的设立和存续影响着社会生活的各方面，国家通过立法干预，是为了保障社会交易的安全、促进经济秩序稳定。第三，公司负有一定的社会责任。公司应严格按公司法规定运行和经营，否则承担相应的法律责任。第四，公司法也体现了经济民主的原则。在不违反法律精神、社会利益的情形下，公司仍有许多自主性权利。《公司法》中有许多任意性条款，公司可以选择适用，也可以放弃适用，可以由公司章程作出具体规定。第五，公司法兼具国内法和涉外法的双重性质，以国内法为主。公司法是国内法，要为维护我国国家利益和保护各市场主体的权利义务服务；公司法又是国际经济贸易交往中涉及的重要法律之一，我国要为外国公司进入国内市场创造条件，对这些问题的规定就使公司法具有一定的国际性。

提示：

我国现行《公司法》为1993年12月29日八届全国人大常委会五次会议通过，其间多次修订，2005年10月27日再次修订后于2006年1月1日实施。

二、公司的设立

(一) 有限责任公司

设立有限责任公司，应具备以下条件：

1. 股东符合法定人数。有限责任公司由2个以上50个以下股东共同出资设立。

2. 股东出资达到法定资本最低限额。有限责任公司的注册资本为在公司登记机关登记的全体股东认缴的出资额。公司全体股东的首次出资额不得低于注册资本的20%，也不得低于法定的注册资本最低限额，其余部分由股东自公司成立之日起两年内缴足。其中，投资公司可以在5年内缴足。有限责任公司注册资本的最低限额为人民币3万元。法律、行政法规对有限责任公司注册资本的最低限额有较高规定的，从其规定。

股东可以用货币出资，也可以用实物、知识产权、土地使用权等可以用货币估价并可以依法转让的非货币财产作价出资；但是，法律、行政法规规定不得作为出资的财产除外。对作为出资的非货币财产应当评估作价，核实财产，不得高估或者低估作价。法律、行政法规对评估作价有规定的，从其规定。全体股东的货币出资金额不得低于有限责任公司注册资本的30%。

3. 股东共同制定公司章程。股份有限公司章程应当载明下列事项：公司名称和住所；公司经营范围；公司设立方式；公司股份总数、每股金额和注册资本；发起人的姓名或者名称、认购的股份数、出资方式和出资时间；董事会的组成、职权和议事规则；公司法定代表人；监事会的组成、职权和议事规则；公司利润分配办法；公司的解散事由与清算办法；公司的通知和公告办法；股东大会会议认为需要规定的其他事项。

提示：

《公司法》中所称公司是指有限责任公司和股份有限公司。

4. 有公司名称，建立符合有限责任公司要求的组织机构。有限责任公司除要拥有自己的名称外，还要求建立符合有限责任公司要求的内部组织机构，即一般应设立权力机构股东会、经营决策和业务执行机构董事会及公司业务及领导层人员的监督机构监事会，使各部门各司其职，各负其责，共同协作，互相制衡，实现高效而有效益的正常运转。

5. 有公司住所。《公司法》规定，公司以其主要办事机构所在地为住所。

（二）股份有限公司

1. 设立股份有限公司，应当具备下列条件：

(1) 发起人符合法定人数。设立股份有限公司，应当有5人以上发起人，其中须有半数以上的发起人在中国境内有住所。

(2) 发起人认购和募集的股本达到法定资本最低限额。股份有限公司注册资本的最低限额为人民币1000万元。股份有限公司注册资本的最低限额有较高规定的，从其规定。

(3) 股份发行、筹办事项符合法律规定。

(4) 发起人制定公司章程；采用募集方式设立的，经创立大会通过。股份有限公司章程应当载明下列事项：公司名称和住所；公司经营范围；公司设立方式；公司股份总数、每股金额和注册资本；发起人的姓名或者名称、认购的股份数、出资方式和出资时间；董事会的组成、职权和议事规则；公司法定代表人；监事会的组成、职权和议事规则；公司利润分配办法；公司的解散事由与清算办法；公司的通知和公告办法；股东大会会议认为需要规定的其他事项。

(5) 有公司名称，建立符合股份有限公司要求的组织机构。

(6) 有公司住所。

2. 股份发行。股份有限公司的资本划分为股份，每一股的金额相等。公司的股份认定采取股票的形式。股份的发行实行公平、公正的原则，同种类的每一股份应当具有同等权利。同次发行的同种类股票，每股的发行条件和价格应当相同；任何单位或者个人所认购的股份，每股应当支付相同的金额。

(1) 股票发行价格可以按票面金额，也可以超过票面金额，但不得低于票面金额。股票采用纸面形式或者国务院证券监督管理机构规定的其他形式。股票应当载明下列主要事项：公司名称；公司成立日期；股票种类、票面金额及代表的股份数；股票的编号。股票由法定代表人签名，公司盖章。发起人的股票应当标明发起人股票字样。

(2) 公司发行的股票可以为记名股票，也可以为无记名股票。公司向发起人、法人发行的股票应当为记名股票，并应当记载该发起人、法人的名称或者姓名，不得另立户名或者以代表人姓名记名。公司发行记名股票的，应当置备股东名册，记载下列事项：股东的姓名或者名称及住所；各股东所持股份数；各股东所持股票的编号；各股东取得股份的日期。发行无记名股票的，公司应当记载其股票数量、编号及发行日期。

(3) 国务院可以对公司发行本法规定以外的其他种类的股份另行作出规定。

(4) 股份有限公司成立后，即向股东正式交付股票。公司成立前不得向股东交付股票。

(5) 公司发行新股，股东大会应当对下列事项作出决议：新股种类及数额；新股发行价格；新股发行的起止日期；向原有股东发行新股的种类及数额。

(6) 公司经国务院证券监督管理机构核准公开发行新股时，必须公告新股招股说明书和财务会计报告，并制作认股书。

(7) 公司发行新股，可以根据公司经营情况和财务状况，确定其作价方案。公司发行新股募足股款后，必须向公司登记机关办理变更登记，并公告。

(8) 上市公司必须依照法律、行政法规的规定，公开其财务状况、经营情况及重大诉讼，在每会计年度内半年公布一次财务会计报告。

三、违反公司法的法律责任

(一) 对提交虚假材料的处理

1. 虚报注册资本、提交虚假材料或者采取其他欺诈手段隐瞒重要事实取得公司登记的，由公司登记机关责令改正；对虚报注册资本的公司，处以虚报注册资本金额5%以上15%以下的罚款。

2. 对提交虚假材料或者采取其他欺诈手段隐瞒重要事实的公司，处以5万元以上50万元以下的罚款；情节严重的，撤销公司登记或者吊销营业执照。

(二) 对违反出资规定的处理

1. 公司的发起人、股东虚假出资，未交付或者未按期交付作为出资的货币或者非货币财产的，由公司登记机关责令改正，处以虚假出资金额5%以上15%以下的罚款。

2. 公司的发起人、股东在公司成立后抽逃其出资的，由公司登记机关责令改正，处以所抽逃出资金额5%以上15%以下的罚款。

(三) 对违反财务、会计制度的处理

1. 公司违反规定，在法定的会计账簿以外另立会计账簿的，由县级以上人民政府财政部门责令改正，处以5万元以上50万元以下的罚款。

2. 公司在依法向有关主管部门提供的财务会计报告等材料上作虚假记载或者隐瞒重要事实的，由有关主管部门对直接负责的主管人员和其他直接责任人员处以3万元以上30万元以下的罚款。

3. 公司不依照本法规定提取法定公积金的，由县级以上人民政府财政部门责令如数补足应当提取的金额，并可处以20万元以下的罚款。

(四) 对违反公司合并、分立、减资、清算规定的处理

1. 公司在合并、分立、减少注册资本或者进行清算时，不依照本法规定通知或者公告债权人的，由公司登记机关责令改正，对公司处以1万元以上10万

元以下的罚款。

2. 公司在进行清算时，隐匿财产、对资产负债表或者财产清单作虚假记载或者在未清偿债务前分配公司财产的，由公司登记机关责令改正，对公司处以隐匿财产或者未清偿债务前分配公司财产金额5%以上10%以下的罚款；对直接负责的主管人员和其他直接责任人员处以1万元以上10万元以下的罚款。

3. 公司在清算期间开展与清算无关的经营活动的，由公司登记机关予以警告，没收违法所得。

4. 清算组不依照本法规定向公司登记机关报送清算报告，或者报送清算报告隐瞒重要事实或者有重大遗漏的，由公司登记机关责令改正。

5. 清算组成员利用职权徇私舞弊、谋取非法收入或者侵占公司财产的，由公司登记机关责令退还公司财产，没收违法所得，并可以处以违法所得1倍以上5倍以下的罚款。

（五）对违反资产评估规定的处理

1. 承担资产评估、验资或者验证的机构提供虚假材料的，由公司登记机关没收违法所得，处以违法所得1倍以上5倍以下的罚款，并可以由有关主管部门依法责令该机构停业、吊销直接责任人员的资格证书、吊销营业执照。

2. 承担资产评估、验资或者验证的机构因过失提供有重大遗漏的报告的，由公司登记机关责令改正，情节较重的，处以所得收入1倍以上5倍以下的罚款，并可以由有关主管部门依法责令该机构停业、吊销直接责任人员的资格证书、吊销营业执照。

3. 承担资产评估、验资或者验证的机构因其出具的评估结果、验资或者验证证明不实，给公司债权人造成损失的，除能够证明自己没有过错的外，在其评估或者证明不实的金额范围内承担赔偿责任。

4. 公司登记机关对不符合本法规定条件的登记申请予以登记，或者对符合本法规定条件的登记申请不予登记的，对直接负责的主管人员和其他直接责任人员依法给予行政处分。

（六）对违反公司登记规定的处理

1. 公司登记机关的上级部门强令公司登记机关对不符合本法规定条件的登记申请予以登记，或者对符合本法规定条件的登记申请不予登记的，或者对违法登记进行包庇的，对直接负责的主管人员和其他直接责任人员依法给予行政处分。

2. 未依法登记为有限责任公司或者股份有限公司，而冒用有限责任公司或者股份有限公司名义的，或者未依法登记为有限责任公司或者股份有限公司的分公司，而冒用有限责任公司或者股份有限公司的分公司名义的，由公司登记机关责令改正或者予以取缔，可以并处10万元以下的罚款。

（七）违反其他规定的处理

1. 公司成立后无正当理由超过6个月未开业的，或者开业后自行停业连续6个月以上的，可以由公司登记机关吊销营业执照。

2. 公司登记事项发生变更时，未依照本法规定办理有关变更登记的，由公司登记机关责令限期登记；逾期不登记的，处以1万元以上10万元以下的罚款。

3. 外国公司违反规定，擅自在中国境内设立分支机构的，由公司登记机关责令改正或者关闭，可以并处5万元以上20万元以下的罚款。

4. 利用公司名义从事危害国家安全、社会公共利益的严重违法行为的，吊销营业执照。

模块二 公司登记管理条例

一、公司登记的管辖及程序

（一）公司的登记管辖范围

有限责任公司和股份有限公司的设立、变更、终止，应当依照《中华人民共和国公司登记管理条例》办理公司登记。申请办理公司登记，申请人应当对申请文件、材料的真实性负责。公司经公司登记机关依法登记，领取“企业法人营业执照”，方取得企业法人资格。

工商行政管理机关是公司登记机关。国家工商行政管理总局主管全国的公司登记工作。

1. 国家工商行政管理总局负责下列公司的登记：(1) 国务院国有资产监督管理机构履行出资人职责的公司，以及该公司投资设立并持有50%以上股份的公司。(2) 外商投资的公司。(3) 依照法律、行政法规或者国务院决定的规定，应当由国家工商行政管理总局登记的公司。(4) 国家工商行政管理总局规定应当由其登记的其他公司。

2. 省、自治区、直辖市工商行政管理局负责本辖区内下列公司的登记：(1) 省、自治区、直辖市人民政府国有资产监督管理机构履行出资人职责的公司以及该公司投资设立并持有50%以上股份的公司。(2) 省、自治区、直辖市工商行政管理局规定由其登记的自然人投资设立的公司。(3) 依照法律、行政法规或者国务院决定的规定，应当由省、自治区、直辖市工商行政管理局登记的公司。(4) 国家工商行政管理总局授权登记的其他公司。

3. 设区的市（地区）工商行政管理局、县工商行政管理局，以及直辖市的工商行政管理分局、设区的市工商行政管理局的区分局，负责本辖区内下列公司的登记：(1) 非国家工商行政管理总局及省、自治区、直辖市工商行政管理局登记管辖范围内的公司。(2) 国家工商行政管理总局和省、自治区、直辖市工商行政管理局授权登记的公司。(3) 股份有限公司由设区的市（地区）工商行政管理局负责登记。

（二）有限责任公司的设立登记

1. 由全体股东指定的代表或者共同委托的代理人向公司登记机关申请名称预先核准，并提交下列文件：(1) 有限责任公司的全体股东签署的公司名称预先

提示：

预先核准的公司名称保留期为6个月。预先核准的公司名称在保留期内不得用于从事经营活动，不得转让。

核准申请书；（2）全体股东或者发起人指定代表或者共同委托代理人的证明；（3）国家工商行政管理总局规定要求提交的其他文件。

2. 由全体股东指定的代表或者共同委托的代理人向公司登记机关申请设立登记，并向公司登记机关提交公司法定代表人签署的设立登记申请书。

3. 其他需要提交的文件：（1）公司章程；（2）依法设立的验资机构出具的验资证明，法律、行政法规另有规定的除外；（3）股东首次出资是非货币财产的，应当在公司设立登记时提交已办理其财产权转移手续的证明文件；（4）股东的主体资格证明或者自然人身份证明；（5）载明公司董事、监事、经理的姓名、住所的文件以及有关委派、选举或者聘用的证明；（6）公司法定代表人任职文件和身份证明；（7）企业名称预先核准通知书；（8）公司住所证明；（9）国家工商行政管理总局规定要求提交的其他文件。

法律、行政法规或者国务院决定规定设立有限责任公司必须报经批准的，还应当提交有关批准文件。

（三）股份有限公司的设立登记

1. 设立股份有限公司，应当由全体发起人指定的代表或者共同委托的代理人向公司登记机关申请名称预先核准，并提交下列文件：（1）股份有限公司的全体发起人签署的公司名称预先核准申请书；（2）全体股东或者发起人指定代表或者共同委托代理人的证明；（3）国家工商行政管理总局规定要求提交的其他文件。

预先核准的公司名称保留期为6个月。预先核准的公司名称在保留期内不得用于从事经营活动，不得转让。

2. 由股份有限公司的董事会向公司登记机关申请设立登记。以募集方式设立股份有限公司的，应当于创立大会结束后30日内向公司登记机关申请设立登记，并向公司登记机关提交下列文件：（1）公司法定代表人签署的设立登记申请书；（2）董事会指定代表或者共同委托代理人的证明。

3. 其他需要提交的文件：（1）公司章程；（2）依法设立的验资机构出具的验资证明；（3）发起人首次出资是非货币财产的，应当在公司设立登记时提交已办理其财产权转移手续的证明文件；（4）发起人的主体资格证明或者自然人身份证明；（5）载明公司董事、监事、经理姓名、住所的文件以及有关委派、选举或者聘用的证明；（6）公司法定代表人任职文件和身份证明；（7）企业名称预先核准通知书；（8）公司住所证明；（9）国家工商行政管理总局规定要求提交的其他文件。

以募集方式设立股份有限公司的，还应当提交创立大会的会议记录；以募集方式设立股份有限公司并公开发行股票的，还应当提交国务院证券监督管理机构的核准文件。法律、行政法规或者国务院决定规定设立股份有限公司必须报经批准的，还应当提交有关批准文件。公司申请登记的经营范围中属于法律、行政法规或者国务院规定在登记前须经批准的项目的，应当在申请登记前报经国家有关部门批准，并向公司登记机关提交有关批准文件。

依法设立的公司，由公司登记机关发给“企业法人营业执照”。公司营业执照签发日期为公司成立日期。公司凭公司登记机关核发的“企业法人营业执照”刻制印章，开立银行账户，申请纳税登记。

二、公司的变更和注销

（一）公司的变更登记

公司变更登记事项应当向原公司登记机关申请变更登记。未经变更登记，公司不得擅自改变登记事项。公司申请变更登记，应当向公司登记机关提交下列文件：公司法定代表人签署的变更登记申请书；依照《公司法》作出的变更决议或者决定；国家工商行政管理总局规定要求提交的其他文件。具体要求如下：

1. 公司变更登记事项涉及修改公司章程的，应当提交由公司法定代表人签署的修改后的公司章程或者公司章程修正案。

2. 公司变更名称的，应当自变更决议或者决定作出之日起30日内申请变更登记。

3. 公司变更住所的，应当在迁入新住所前申请变更登记，并提交新住所使用证明。

4. 公司变更住所跨公司登记机关辖区的，应当在迁入新住所前向迁入地公司登记机关申请变更登记；迁入地公司登记机关受理的，由原公司登记机关将公司登记档案移送迁入地公司登记机关。

5. 公司变更法定代表人的，应当自变更决议或者决定作出之日起30日内申请变更登记。

6. 公司变更注册资本的，应当提交依法设立的验资机构出具的验资证明。公司增加注册资本的，有限责任公司股东认缴新增资本的出资和股份有限公司的股东认购新股，应当分别依照《公司法》设立有限责任公司缴纳出资和设立股份有限公司缴纳股款的有关规定执行。股份有限公司以公开发行新股方式或者上市公司以非公开发行新股方式增加注册资本的，还应当提交国务院证券监督管理机构的核准文件。公司法定公积金转增为注册资本的，验资证明应当载明留存的该项公积金不少于转增前公司注册资本的25%。

7. 公司减少注册资本的，应当自公告之日起45日后申请变更登记，并应当提交公司在报纸上登载公司减少注册资本公告的有关证明和公司债务清偿或者债务担保情况的说明。公司减资后的注册资本不得低于法定的最低限额。

8. 公司变更实收资本的，应当提交依法设立的验资机构出具的验资证明，并应当按照公司章程载明的出资时间、出资方式缴纳出资。公司应当自足额缴纳出资或者股款之日起30日内申请变更登记。

9. 公司变更经营范围的，应当自变更决议或者决定作出之日起30日内申请变更登记；变更经营范围涉及法律、行政法规或者国务院规定在登记前须经批准的项目的，应当自国家有关部门批准之日起30日内申请变更登记。

公司的经营范围中属于法律、行政法规或者国务院规定须经批准的项目被吊销、撤销许可证或者其他批准文件，或者许可证、其他批准文件有效期届满的，应当自吊销、撤销许可证、其他批准文件或者许可证、其他批准文件有效期届满之日起30日内申请变更登记，或者依照《中华人民共和国公司登记管理条例》第六章的规定办理注销登记。

10. 公司变更类型的，应当按照拟变更的公司类型的设立条件，在规定的期限内向公司登记机关申请变更登记，并提交有关文件。

11. 有限责任公司股东转让股权的，应当自转让股权之日起30日内申请变更登记，并应当提交新股东的主体资格证明或者自然人身份证明。有限责任公司的自然人股东死亡后，其合法继承人继承股东资格的，公司应当依照前款规定申请变更登记。有限责任公司的股东或者股份有限公司的发起人改变姓名或者名称的，应当自改变姓名或者名称之日起30日内申请变更登记。

12. 公司登记事项变更涉及分公司登记事项变更的，应当自公司变更登记之日起30日内申请分公司变更登记。公司章程修改未涉及登记事项的，公司应当将修改后的公司章程或者公司章程修正案送原公司登记机关备案。

13. 公司董事、监事、经理发生变动的，应当向原公司登记机关备案。

14. 因合并、分立而存续的公司，其登记事项发生变化的，应当申请变更登记；因合并、分立而解散的公司，应当申请注销登记；因合并、分立而新设立的公司，应当申请设立登记。

15. 公司合并、分立的，应当自公告之日起45日后申请登记，提交合并协议和合并、分立决议或者决定，以及公司在报纸上登载公司合并、分立公告的有关证明和债务清偿或者债务担保情况的说明。法律、行政法规或者国务院规定公司合并、分立必须报经批准的，还应当提交有关批准文件。

16. 变更登记事项涉及"企业法人营业执照"载明事项的，公司登记机关应当换发营业执照。

17. 公司依照《公司法》第二十二条规定向公司登记机关申请撤销变更登记的，应当提交下列文件：公司法定代表人签署的申请书，人民法院的裁决文书。

（二）公司的注销登记

1. 公司解散，依法应当清算的，清算组应当自成立之日起10日内将清算组成员、清算组负责人名单向公司登记机关备案。有下列情形之一的，公司清算组应当自公司清算结束之日起30日内向原公司登记机关申请注销登记：(1) 公司被依法宣告破产；公司章程规定的营业期限届满或者公司章程规定的其他解散事由出现，但公司通过修改公司章程而存续的除外。(2) 股东会、股东大会决议解散或者一人有限责任公司的股东、外商投资的公司董事会决议解散。(3) 依法被吊销营业执照、责令关闭或者被撤销；人民法院依法予以解散；法律、行政法规规定的其他解散情形。

2. 公司申请注销登记，应当提交下列文件：公司清算组负责人签署的注销登记申请书；人民法院的破产裁定、解散裁决文书；公司依照《公司法》作出的决议或者决定；行政机关责令关闭或者公司被撤销的文件；股东会、股东大会、一人有限责任公司的股东、外商投资的公司董事会或者人民法院、公司批准机关备案、确认的清算报告；"企业法人营业执照"；法律、行政法规规定应当提交的其他文件。

3. 经公司登记机关注销登记后，公司即告终止。

模块三　外商投资会议展览公司的特别规定

为鼓励外国公司、企业和其他经济组织（以下简称外国投资者）在中国境内设立外商投资会议展览公司，举办具有国际规模和影响的对外经济技术展览会和会议，2004 年 1 月 12 日中国商务部通过了《设立外商投资会议展览公司暂行规定》(以下简称《暂行规定》)。该规定主要包括以下几个方面：

一、设立外商投资会议展览公司的条件

《暂行规定》第二、第五、第六条分别规定：国家鼓励引进国际上先进的组织会议展览和专业交流方面的专有技术设立外商投资会议展览公司，促进我国会展业的发展，创造良好的社会和经济效益。外商投资会议展览公司在中国境内的正当经营活动和合法权益受中国法律的保护。允许外国投资者根据本规定，在中国境内以外商独资的形式设立外商投资会议展览公司或与中国的公司、企业或其他经济组织按照平等互利的原则在中国境内以合资、合作的形式设立外商投资会议展览公司。

提示：

申请设立外商投资会议展览公司的外国投资者应有主办国际博览会、专业展览会或国际会议的经历和业绩。

二、设立外商投资会议展览公司的程序

商务部及其授权商务主管部门是外商投资会议展览公司的审批和管理机关。申请设立外商投资会议展览公司，申请者应向拟设立公司所在地省级商务主管部门报送以下文件：(1) 投资者签署的设立外商投资会议展览公司申请书。(2) 投资者签署的外商投资会议展览公司合同和章程（以独资形式设立外商投资会议展览公司的，仅需报送章程)。(3) 投资者的注册登记证明（复印件)、法定代表人证明（复印件)、董事会成员委派书和银行资信证明。(4) 工商行政管理机构出具的拟设立外商投资会议展览公司名称预先核准通知书（复印件)。(5) 外国投资者已主办过国际博览会、国际专业展览会或国际会议的证明文件。

省级商务主管部门应当自收到全部文件之日起 30 日内决定批准或不批准。决定批准的，向申请者颁发“外商投资企业批准证书”；决定不批准的，应当说明理由，并告知申请人享有依法申请行政复议或者提起行政诉讼的权利。申请人应自收到颁发的“外商投资企业批准证书”之后起一个月内，按照国家有关规定，向工商行政管理机关申请办理登记手续。

三、外商投资会议展览公司的经营

经批准设立的外商投资会议展览公司可以按规定经营以下业务：(1) 在中国境内主办、承办各类经济技术展览会和会议；(2) 在境外举办会议。

外商投资会议展览公司申请在中国境内主办经济技术展览会，按照国家有关

规定办理。国家另有规定的，从其规定。外商投资会议展览公司在中国境内招展参加境外举行的国际经济贸易展览会或在境外举办国际经济贸易展览会的管理办法另行规定。

外商投资会议展览公司中外投资者变更、股权变更或设立分支机构，应按本规定报省级商务主管部门批准后，到工商行政管理机构办理营业执照变更登记手续。

外商投资会议展览公司进口展览品，按照海关对进口展览品的有关监管办法办理进口手续并进行监管。

香港特别行政区、澳门特别行政区、台湾地区的公司、企业和其他经济组织在大陆设立会议展览公司，参照《暂行规定》执行。

本单元知识结构图

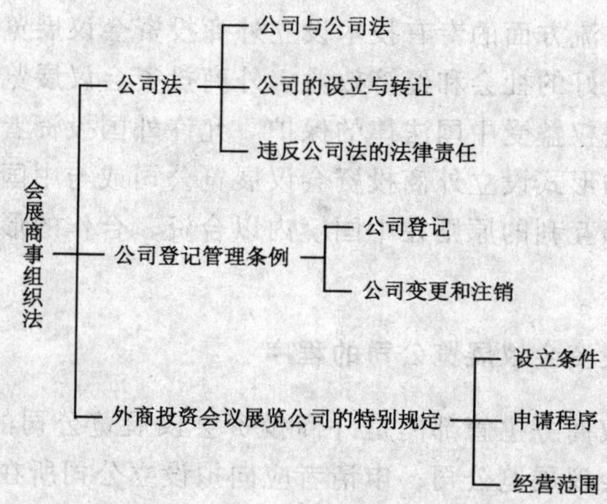

关键词

公司法　公司

练习与实训

一、填空

1. 公司法兼具强制法和____________的双重性质，以____________为主。

2. 公司的法律特征有____________、____________、____________。

3. 公司变更名称的，应当自变更决议或者决定作出之日起__________内申请变更登记。

4. 允许外国投资者根据本规定，在中国境内以外商独资的形式设立外商投资会议展览公司或与中国的公司、企业或其他经济组织（以下简称中国投资者）

按照＿＿＿＿＿＿＿＿原则在中国境内以合资、合作的形式设立外商投资会议展览公司。

5. 股票是＿＿＿＿＿＿＿＿＿＿＿＿＿＿＿＿。

二、单项选择题

1. 预先核准的公司名称保留期为(　　)。预先核准的公司名称在保留期内，不得用于从事经营活动，不得转让。

A. 3个月　　B. 6个月

C. 一年　　D. 两年

2. 设立股份有限公司，应当有(　　)以下为发起人，其中须有半数以上的发起人在中国境内有住所。

A. 2人以上200人以下　　B. 2人以上100人以下

C. 1人以上200人以下　　D. 1人以上100人以下

3. 股份有限公司的股东以其(　　)为限对公司承担责任。

A. 全部财产　　B. 部分财产

C. 认购的股份　　D. 投资总额

4. 申请设立外商投资会议展览公司，申请者应向拟设立公司所在地(　　)商务主管部门报送文件。

A. 国家级　　B. 省级

C. 市级　　D. 县级

5. 有限责任公司全体股东的首次出资额不得低于注册资本的(　　)，有限责任公司注册资本的最低限额为人民币(　　)。

A. 20%　50 000元　　B. 30%　30 000元

C. 30%　50 000元　　D. 20%　30 000元

三、多项选择题

1. 公司不得收购本公司股份。但是，有下列(　　)情形之一的除外。

A. 减少公司注册资本

B. 与持有本公司股份的其他公司合并

C. 将股份奖励给本公司职工

D. 股东因对股东大会作出的公司合并、分立决议持异议，要求公司收购其股份的

2. 经批准设立的外商投资会议展览公司可以按规定经营以下业务(　　)。

A. 在中国境内主办、承办各类经济技术展览会和会议

B. 在中国境内主办、承办各类文艺晚会

C. 在中国境内生产各类经济技术展览会和会议需要的展品

D. 在境外举办会议

3. 根据我国公司法，股东可以用(　　)等出资。

A. 货币　　　　　　　　　　　　B. 实物

C. 土地使用权　　　　　　　　　D. 非专利技术

4. 有下列(　　　)情况下，对股东会决议投反对票的股东可以请求公司按照合理的价格收购其股权。

A. 股东向股东以外的人转让股权，经全体股东同意

B. 公司连续5年不向股东分配利润，而该公司5年连续盈利，并且符合本法规定的分配利润条件的

C. 公司合并、分立、转让主要财产的

D. 公司章程规定的营业期限届满或者章程规定的其他解散事由出现，股东会会议通过决议修改章程使公司存续的

5. 关于股份有限公司的股票，下列说法正确的有(　　　)。

A. 股份有限公司的资本划分为股份，每一股的金额相等

B. 股份的发行实行公平、公正的原则，同种类的每一股份应当具有同等权利

C. 单位或者个人所认购的股份，每股支付价额可以不同

D. 同次发行的同种类股票，每股的发行条件和价格应当相同

四、判断题

1. 有限责任公司的股东之间不可以相互转让其全部或者部分股权。(　　)

2. 公司变更登记事项应当向公安机关申请变更登记。未经变更登记，公司不得擅自改变登记事项。(　　)

3. 申请设立外商投资会议展览公司的外国投资者应有主办国际博览会、专业展览会或国际会议的经历和业绩。(　　)

4. 工商行政管理机关是公司登记机关，下级公司登记机关与上级公司登记机关没有从属关系，各自独立开展工作。(　　)

五、简答题

1. 申请设立外商投资会议展览公司，申请者应向拟设立公司所在地省级商务主管部门报送哪些文件？

2. 请简述公司法的性质。

3. 设立股份有限公司应当具备哪些条件？

六、知识拓展

要求：上网查找《公司法》、《中华人民共和国公司登记管理条例》、《设立外商投资会议展览公司暂行规定》，仔细阅读相关法律、法规内容。

第二单元 DIERDANYUAN

会展合同法

学习目标

- □ 知晓合同和会展合同的作用
- □ 熟悉合法合同成立的要素
- □ 熟悉与合同效力相关的知识
- □ 掌握合同违约责任的构成要件和违约责任的承担方式
- □ 掌握会展合同的特点与构成内容
- □ 初步了解一些常用的会展合同的体例

案例导读

安徽首起会展合同纠纷案

历经了市场的开拓、发展、壮大，安徽汽车会展市场已初具规模。然而，在一起合同纠纷案件后，曾经独当一面的“安徽第一车展”的发展步伐却不得不延缓下来。

一、同时同地，“汽博会”PK“嘉年华”

2006年9月24日，在安徽国际会展中心举办的“现代人居环境展览会（以下简称人居展）暨2006汽车嘉年华”进入倒数第二天，此时距离安徽省汽车行业协会主办的“第四届安徽国际汽车博览会”（以下简称汽博会）的开幕仅剩5天时间。“汽车嘉年华”的前称是“2006中国安徽汽车展示交易会”，与人居展同时、同地举办。之所以由“交易会”改名“汽车嘉年华”，源自行业协会与会展中心之间的一个排他性协议。

安徽汽博会组委会工作人员十分无奈地说：“我们早在2005年12月份就与会展中心签订了合同，然后在2006年4月份又补签了排他性协议，提出了在汽博会的前后6个月之内，会展中心不得承担任何相同类似的汽车展览。”显然，安徽国际会展中心（以下简称会展中心）没有履行自己的承诺。

早前，安徽汽车行业协会曾要求会展中心停止举办“中国安徽汽车展示交易会”。值得一提的是，在政府有关部门协调下，安徽国际会展中心也曾于8月10

日函复行业协会，声称“2006 安徽汽车展示交易会”将不在会展中心举办。在这种形势下，安徽汽车行业商会将“2006 中国安徽汽车展示交易会”更名为“汽车嘉年华”，对外宣传为：“人居展”将点爆“汽车嘉年华”。就这样，“2006 安徽汽车嘉年华”如期在会展中心举办了。

安徽汽博会组委会的一位工作人员告诉记者，由于受到“人居展暨 2006 汽车嘉年华”活动的影响，第四届安徽国际汽车博览会招商情况很不理想。很多参展商表示，已经参加了“汽车嘉年华”，对于一个地区来说，如果再参加安徽国际汽车展就显得有些浪费。也有参展商表示：“安徽市场出现了什么问题？一个小小的安徽汽车市场怎么会在短短的半个月之内有两个汽车展？看来安徽的车展规模大不了，这两个车展都不值得我们参加。”

二、对簿公堂，双方激辩违约实质

2007 年 2 月 6 日，安徽两个汽车展的冲突经政府部门多次协调无果，最终安徽汽车行业协会一纸诉状将安徽国际会展中心告上法庭。其理由是：早在 2006 年 4 月份，安徽省汽车行业协会根据安徽汽车市场的特点，曾与安徽国际会展中心签订一个排他性的车展协议：在安徽汽博会举办的前后 6 个月之内，会展中心不能举办汽车类的展览。

庭审期间，双方就“汽车嘉年华”的性质——“展览”产生分歧。

安徽汽车行业协会方面出示了大量现场照片作为佐证。原告表示，人居展上的“汽车嘉年华”从规模、面积以及性质均属于展览会。人居展现场参展的房地产厂家不超过 20 家，而汽车参展商则接近 50 家，几乎占据了整个场馆的 2/3 面积。此外，“人居展”现场背景板上的汽车嘉年华主办方和招商函中也不一样，仅剩下安徽省工商业联合会汽车行业商会，其他原定的几家主办单位均变成了支持单位。因此，安徽国际会展中心应按早此前双方签订的“排他性协议”赔偿损失。

被告安徽国际会展中心方面辩称，2006 年 9 月 22 日至 25 日在其处进行的是“试乘试驾”活动，并非汽车嘉年华，亦非汽车展览会，该活动仅是合肥佳德会展服务有限公司举办的“人居展”四项活动中的一项，与安徽汽车行业协会举办的汽博会在名称、所涉及的内容、面向的群体、活动规模、活动宗旨、举办时间等方面均不相同，并没有对行业协会举办的 2006 汽博会造成损害。

（资料来源：肖凌：“安徽首起会展合同纠纷案一审尘埃落定”，《中国经营报》，2007 年 10 月 20 日）

想一想：

1. 安徽汽车行业协会为什么要起诉安徽国际会展中心？
2. 你认为安徽汽车行业协会的起诉依据是什么？
3. 你认为安徽国际会展中心在本案件中有失当行为吗？

细细品味这个案例，我们看到其实双方产生纠纷的焦点是当初汽车行业协会与国际会展中心之间所签订的一个排他性协议。那么，这个协议是否合法？国家相关法律对双方的权利义务又是如何规定的？法院又会如何判决呢？

本单元从与会展相关的合法的合同订立切入，介绍我国合同法对合同要素的规定、合同合法性的保障措施、违反合同法应承担的责任，并结合会展合同的要点，阐述了会展合同的特点。

合同法是规范市场交易的基本法律，是民商法的重要组成部分。合同是会展活动中重要的组成部分。要举办一场会展，保险合同、场地和会展管理合同、展位销售合同、会务组合同和雇用协议都是其书面材料的一部分。

合同

合同是指平等主体的自然人、法人、其他组织之间设立、变更、终止民事权利义务关系的协议。

模块一 合法的合同

一、合同的订立与效力

（一）合同的订立

合同订立是指当事人为了合同的成立而进行的接触、洽商，直至达成一致意思表示的行为过程。合同订立是合同成立的前提，而合同成立又是合同生效的前提。

1. 合同成立的一般要件。《合同法》第十三条规定："当事人订立合同，采取要约、承诺方式。"

(1) **要约**。要约又称订约提议，或称发盘、发价、出价等，**要约是指希望和他人订立合同的意思表示**。该意思表示应当符合下列规定：①内容具体确定；②表明经受要约人承诺，要约人即受该意思表示约束。要约可以采取口头形式，也可以采取书面形式。如我们在各报纸、网站上看到的"参展邀请函"、"参展手册"、"组展公告"等，就是会展活动的常用要约形式。

要约的法律效力如下：

第一，要约的生效时间。我国《合同法》规定要约到达受要约人时生效。

第二，要约法律效力的内容。要约的法律拘束力体现在两个方面：一是要约对要约人的拘束力，又称要约的形式拘束力，是指要约一经生效，要约人即受到要约的拘束，不得随意撤销或对要约加以限制、变更和扩张，这有利于保护受要约人的利益。二是要约对受要约人的拘束力，又称要约的实质拘束力，是指在要约生效后，受要约人即取得依其承诺而成立合同的法律地位。受要约人可以自主决定是否承诺。

第三，要约的撤回和撤销。**要约的撤回**是指在要约发出之后、生效之前，要约人作出的取消要约的意思表示。**要约的撤销**是指要约生效以后，要约人作出的取消要约的意思表示。两者的主要区别在于要约的撤回发生在要约生效之前，要约的撤销发生在要约生效之后。

第四，要约的失效，是指要约丧失其法律拘束力，不再对要约人和受要约人发生拘束。

要约邀请不同于要约。要约邀请是指希望他人向自己发出要约的意思表示。寄送价目表、拍卖公告、招标公告、招股说明书、商业广告等均为要约邀请。其中，商业广告的内容符合要约规定的，也视为要约。要约邀请与要约有着本质区别。要约是希望和他人订立合同的意思表示，该意思表示的内容已经包括了一份可以履行的可能成立的合同的基本要件，只要经过受要约人承诺，合同即告成立。要约邀请则只是希望他人向自己发出要约，不直接发生合同成立的法律后果。

（2）承诺。**承诺是指受要约人同意要约的意思表示。**一般情况下，要约一经承诺，合同即告成立。作为一项有效的承诺，必须符合以下条件：

第一，由受要约人或其代理人作出。

第二，在要约的有效期内作出。受要约人超过期限发出承诺的，除要约人及时通知受要约人该承诺有效的外，视为新要约。注意，我国《合同法》规定，要约以信件或者电报作出的，承诺期限自信件载明的日期或者电报交发之日开始计算。信件未载明日期，自投寄该信件的邮戳日期开始计算。要约以电话、传真等快速通讯方式作出的，承诺期限自要约到达受要约人时开始计算。

第三，承诺的内容应当与要约的内容一致。受要约人对要约的内容作出实质性变更的，为新要约。有关合同标的、数量、质量、价款或者报酬、履行期限、履约地点和方式、违约责任和解决争议方式等的变更，是对要约内容的实质性变更。承诺对要约的内容作出非实质性变更的，除要约人及时表示反对或者要约表明不得对要约的内容作出任何变更的以外，该承诺有效。合同的内容以承诺的内容为准。

2. 合同的形式。当事人订立合同，有书面形式、口头形式和其他形式。法律、行政法规规定采用书面形式的，应当采用书面形式。**书面形式是指合同书、信件和数据电文（包括电报、电传、传真、电子数据交换和电子邮件）等可以有形地表现所载内容的形式。**

3. 合同成立的时间和地点。当事人采用合同书形式订立合同的，自双方当事人签字或者盖章时成立。在签字或者盖章之前，当事人一方已经履行主要义务，对方接受的，该合同成立；法律、行政法规规定或者当事人约定采用书面形式订立合同，当事人未采用书面形式，但一方已经履行主要义务，对方接受的，该合同成立；当事人采用信件、数据电文等订立合同的，可以在合同成立之前要求签订确认书，签订确认书时合同成立。

承诺生效的地点为合同成立的地点。当事人采用合同书形式订立合同的，双方当事人签字或者盖章的地点为合同成立的地点；采用数据电文形式订立合同的，收件人的主营业地点为合同成立的地点；没有主营业地点的，其经常居住地为合同成立的地点；当事人另有约定的，按照其约定。

（二）合同的效力

合同的效力，是指已经成立的合同在当事人之间产生的法律约束力。

1. 有效合同。具备以下条件的合同，即可生效：（1）行为人具有相应的民事行为能力。（2）意思表示真实。（3）不违反法律或者社会公益。（4）符合法律所要求的形式。

合同的生效时间，是指合同法律效力发生的时间。主要包括：(1) 依法成立的合同，自成立时生效，在此情形下合同成立的时间与合同生效的时间一致。(2) 法律、行政法规规定应当办理批准、登记等手续生效的，依照其规定。(3) 当事人对合同的效力约定附生效条件的，自条件成就时生效，当事人为自己的利益不正当地阻止条件成就的，视为条件已成就；其不正当地促进条件成就的，视为条件不成就。(4) 当事人对合同的效力约定附期限的，自期限届至时生效。

2. 无效合同。**无效合同，是指合同虽然已经成立，但因其违反法律、行政法规或公共利益，因而不能发生法律效力的合同**。无效合同当然无效，且自始无效，也不能通过当事人的同意或者追认而有效。合同部分无效的，若不影响其他部分的效力，则其他部分仍然有效。

注意：
对无效合同的具体确认，还应对照有效合同应当具备的条件。

有以下情形之一的，合同无效：(1) 一方以欺诈、胁迫的手段订立损害国家利益的合同。(2) 恶意串通，损害国家、集体或者第三人利益的合同。(3) 以合法形式掩盖非法目的的合同。(4) 损害社会公共利益的合同。(5) 违反法律、行政法规强制性规定的合同。

另外，在有些合同关系中，合同双方当事人在合同中预先约定免除将来可能发生的损害的赔偿责任。免责条款往往由占据优势的一方提出，如不对其效力作出限制，则可能出现强者借助合同形式侵害弱者权利的情形。因此《合同法》明确规定下列免责条款无效：(1) 造成对方人身伤害的；(2) 因故意或者重大过失造成对方财产损失的。

3. 可变更或可撤销的合同。**可变更、可撤销合同，是指合同虽然已经成立，但因意思表示不真实，一方当事人可以请求法院或者仲裁机构予以变更、撤销的合同**。合同被撤销以后，自始没有法律效力。

下列合同，当事人一方有权请求人民法院或者仲裁机构变更或者撤销：(1) 因重大误解订立的。(2) 在订立合同时显失公平的。(3) 一方以欺诈、胁迫的手段或者乘人之危，使对方在违背真实意思的情况下订立的合同，受损害方有权请求人民法院或者仲裁机构变更或者撤销。

享有撤销权的当事人应当在知道或者应当知道撤销事由之日起一年内行使撤销权，否则会发生撤销权消灭的后果。撤销权人在知道撤销事由之后明确表示或者以自己的行为放弃撤销权的，也可发生撤销权消灭后果。

4. 无效合同或者被撤销合同的财产后果。对于无效合同、被撤销合同引起的财产后果，适用以下三种处理方法：(1) **返还**，即将当事人的财产关系恢复到合同订立以前的状态。当事人依据该无效合同、被撤销合同取得的财产，应当予以返还；不能返还或者没有必要返还的，应当折价补偿。(2) **赔偿**，有过错的一方应当赔偿对方因此所受到的损失。双方都有过错的，应当根据过错大小、责任主次，各自承担相应的责任。(3) **追缴**，当事人恶意串通，损害国家、集体或者第三人利益的，因此取得的财产收归国家所有或者返还集体、第三人。

5. 合同效力待定。**效力待定合同，是指合同虽然已经成立，但因当事人不具备相应的民事行为能力，需待有权人追认后才能生效的合同**。效力待定合同经权利人追认后立即产生法律效力，成为有效合同。效力待定合同包括以下几种情形：（1）限制民事行为能力人订立的合同；（2）无权代理情形下订立的合同；（3）行为人没有代理权、超越代理权或者代理权终止后，以被代理人名义订立的合同；（4）法定代表人或负责人超越权限订立的合同；（5）无处分权人处分他人财产所订立的合同。

二、合同的履行与担保

（一）合同的履行

1. 合同履行的原则。**合同的履行就是当事人按照合同的约定全面完成自己的义务**。合同的订立和效力是合同履行的前提，合同的履行是《合同法》的核心内容。因为合同的履行是当事人缔约合同的最终目的，对合同的抗辩、保全、变更、转让、担保、违约责任和效力等问题的规定，都是为了保障合同得以顺利地履行。

当事人履行合同时应严格遵守以下原则：

（1）**全面履行原则**。当事人应当按照合同约定的主体、标的、数量、质量、价款等，在适当的履行期限、履行地点，用适当的履行方式，全面完成合同义务。

（2）**诚实信用履行原则**。订立、履行合同应当遵循诚实信用原则，除了全面履行合同义务这一基本内涵外，当事人还应当履行诚实信用原则所产生的附属义务，即根据合同的性质、目的和交易习惯履行通知、协助、保密等义务。

（3）**促进交易履行原则**。合同生效后，当事人就质量、价款或者报酬、履行地点等内容没有约定或者约定不明确的，应当按照便于交易、利于交易的原则，由当事人达成协议补充；不能达成补充协议的，按照合同有关条款或者交易习惯确定。

2. 合同内容约定不明确时的合同履行。当事人就有关内容约定不明确、事后不能达成补充协议，按照合同有关条款或者交易习惯仍不能确定的，适用下列规定：（1）质量要求不明确的，按照国家标准、行业标准履行；没有国家标准、行业标准的，按照通常标准或者符合合同目的的特定标准履行。（2）价格或者报酬不明确的，按照订立合同时的市场价格履行；依法应当执行政府定价或者政府指导价的，按照规定履行。（3）履行地点不明确，给付货币的，在接受给付一方所在地履行；交付不动产的，在不动产所在地履行；其他标的，在履行义务一方所在地履行。（4）履行期限不明确的，债务人可以随时履行，债权人也可以随时要求履行，但应当给对方必要的准备时间。（5）履行方式不明确的，按照有利于实现合同目的的方式履行。（6）履行费用的负担不明确的，由履行义务一方负担。

3. 价格发生变动时的合同履行。合同履行过程中发生价格变动是比较普遍的现象。随着我国市场经济的发展，大多数价格实行市场调节价，只有极少数商品和服务价格执行政府定价或者政府指导价。我国《合同法》规定，执行政府定价或者政府指导价的，在合同约定的交付期限内政府价格调整时，按照交付时的价格计价。逾期交付标的物的，遇价格上涨时，按照原价格执行；价格下降时，按照新价格执行。逾期提取标的物或者逾期付款的，遇价格上涨时，按照新价格执行；价格下降时，按照原价格执行。

4. 合同履行中的抗辩权。合同可分为**双务合同**和**单务合同**。一般来说，绝大多数合同都是双务合同，也就是说，合同各方当事人既享有权利，又承担义务。**合同履行中的抗辩权，是指在双务合同中，一方当事人有依法对抗对方要求或者否认对方要求的权利。**

(1) **同时履行抗辩权**。当事人互负债务，没有先后履行顺序的，应当同时履行。一方在对方履行之前，有权拒绝其履行要求；一方在对方履行债务不符合约定时，有权拒绝其相应的履行要求。

(2) **顺序履行抗辩权**。当事人互负债务，有先后履行顺序，先履行一方未履行的，后履行一方有权拒绝其履行要求。先履行一方履行债务不符合约定的，后履行一方有权拒绝其相应的履行义务。

(3) **不安抗辩权**。应当先履行债务的当事人，有确切证据说明对方有下列情形之一的，可以中止履行：①经营情况严重恶化；②转移财产，抽逃资金，以逃避债务；③丧失商业信誉；④有丧失或者可能丧失履行债务能力的其他情形。

当事人行使不安抗辩权中止履行的，应当及时通知对方。对方提供适当担保时，应当恢复履行。中止履行后，对方在合理期限内未恢复履行能力并且未提供适当担保的，中止履行的一方可以解除合同。当事人没有确切证据中止履行的，应承担违约责任。

5. 合同履行中的保全措施。**保全措施是指为了防止因债务人的财产不当减少而给债权人的债权带来危害时，允许债权人为保全其债权的实现而采取的法律措施**，包括代位权和撤销权两种。**代位权**是指债务人怠于行使其到期债权、对债权人造成损害的，债权人可以向人民法院请求以自己名义代位行使债务人债权的权利。**撤销权**是指因债务人放弃债权或者无偿转让财产，或者债务人以明显不合理的低价转让财产，并且受让人知道该情形，对债权人造成损害的，债权人可以请求人民法院撤销债务人这种行为的权利。撤销权自债权人知道或者应当知道撤销事由之日起 1 年内行使。自债务人的行为发生之日起 5 年内没有行使撤销权的，该撤销权消灭。代位权、撤销权的行使范围以债权人的债权为限。债权人行使代位权、撤销权的必要费用，由债务人承担。

6. 合同履行的其他规定：(1) 当事人约定由债务人向第三人履行债务的，债务人未向第三人履行债务或者履行不符合约定，债务人应当向债权人承担违约责任。(2) 当事人约定由第三人向债权人履行债务的，第三人不履行债务或者履行债务不符合约定，债务人应当向债权人承担违约责任。(3) 债权人分立、合并或者变更住所没有通知债务人，致使履行债务发生困难的，债务人可以中止履行或者将标的物提存。(4) 债权人可以拒绝债务人提前或者部分履行债务，但提前或者部分履行不损害债权人利益的除外。债务人提前或者部分履行债务给债权人增加的费用，由债务人承担。(5) 合同生效后，当事人不得因姓名、名称的变更或者法定代表人、负责人、承办人的变动而不履行合同。

（二）合同的担保

根据《担保法》的规定，我国关于合同担保的方式主要有保证、定金、抵押权、质押和留置权五种。

1. 保证。**保证是指保证人和债权人以书面形式订立保证合同约定，当债务人不履行债务时，保证人按照约定履行债务或者承担责任的行为。**我国《担保法》中规定了两种保证方式，即一般保证和连带担保。一般而言，保证合同应包括以下内容：（1）被保证的主债权种类、数额；（2）债务人履行债务的期限；（3）保证的方式；（4）保证担保的范围；（5）保证的期间；（6）双方认为需要约定的其他事项。

提示：

我国《担保法》还规定，学校、幼儿园、医院等以公益为目的的事业单位、社会团体不得作为保证人，企业法人的分支机构、职能部门也不得作为保证人。

保证担保的范围包括主债权及利息、违约金、损害赔偿金和实现债权的费用。保证期一般为6个月，但双方另有约定的遵从其约定。保证人承担保证责任后，有权向债务人追偿。

2. 定金。**定金是指合同当事人为了确保合同的履行，依照法律规定或者当事人约定，由一方当事人预先给付对方的一笔金额。**债务人履行债务后，定金应当抵作价款或者收回。给付定金的一方不履行约定的债务的，无权要求返还定金；收受定金的一方不履行约定的债务的，应当双倍返还定金。《担保法》规定，定金的数额由当事人约定，但不得超过主合同标的金额的20%。

定金与预付款不同。定金具有证明合约的功能，预付款却没有证明合同成立的作用；定金只作为一种担保手段，本身并不能履行债务的行为，而预付款的交付属于债务人履行债务的行为，不具有担保的作用。同时，定金与违约金也有区别。虽然两者都含有制裁性，但是定金是在合同履行之前的一种给付，违约金则是违约发生之后的偿付。

3. 抵押权。**抵押权是指债务人或者第三人不转移财产的占有，而将该财产作为债权的担保。**债务人不履行债务时，债权人有权依法以该财产抵价或者拍卖、变卖该财产的价款优先受偿的权利。《担保法》规定，下列财产可以作为抵押物：（1）抵押人所有的房屋和其他地上定着物；（2）抵押人所有的机器、交通运输工具和其他财产；（3）抵押人依法有权处分的国有土地使用权、房屋和其他地上定着物；（4）抵押人依法有权处分的国有的机器、交通运输工具和其他财产；（5）抵押人依法承包并经发包方同意抵押的荒山、荒沟、荒丘、荒滩等荒地的土地使用权；（6）依法可以抵押的其他财产。

抵押人和被抵押人应当以书面形式订立抵押合同。合同的内容应包括：被担保的住宅权的种类、数额；债务人履行债务的期限；抵押物的名称、数量、质量、状况、所在地、所有权权属或者使用权权属；抵押担保的范围；当事人认为需要约定的其他事项。

债务履行期届满，抵押权人未受清偿的，可以与抵押人协议以抵押物折价或者以拍卖、变卖该抵押物所得的价款受偿；协议不成的，抵押权人可以向人民法院提起诉讼。抵押物折价或者拍卖、变卖后，其价款超过债权数额的部分归抵押人所有，不足部分由债务人清偿。

4. 质押，包括动产质押和权利质押两种。

（1）**动产质押。动产质押是指债务人或者第三人将其动产移交债权人占有，将该动产作为债权的担保。**债务人不履行债务时，债权人有权依法以该动产折价或者以拍卖、变卖该动产的价款优先受偿。进行动产质押时，出质人和质权人应当以书面形式订立质押合同。质押合同自质物移交于质权人占有时生效。质权人在占有质物期间，有权收取质物所生的孳息。同时，质权人有义务妥善保管质物。因保管不善致使质物灭失或者毁损的，质权人应当承担民事责任。

（2）**权利质押。当出质人以权利凭证作为质物进行质押时则称为权利质押。**《担保法》规定，以下权利可以质押：①汇票、支票、本票、债券、存款单、仓单、提单；②依法可以转让的股份、股票；③依法可以转让的商标专用权、专利权、著作权中的财产权；④依法可以质押的其他权利。质押担保的范围包括：主债权及利息、违约金、损害赔偿金、质物保管费用和实现质权的费用。

5. 留置权。**留置是指债权人按照合同约定先占有债务人的动产，在债务人不按照合同约定的期限履行债务时，债权人有权依法扣留该财产，以该财产折价或者以拍卖、变卖该财产的价款优先受偿。**留置担保的范围包括主债权及利息、违约金、损害赔偿金、留置物保管费和实现留置权的费用。

债权人留置了债务人的财产后，应当给债务人不少于两个月的期限履行债务。逾期债务人仍不履行的，债权人可以与债务人协议以留置物折价，也可以依法拍卖、变卖留置物。留置物折价或者拍卖、变卖后，其价款超过债权数额的部分归债务人所有，不足部分由债务人清偿。留置形式的担保因其适用条件的特殊性——债权人先按照约定占有债务人的动产，因此仅在保管合同、运输合同、加工承揽合同中可以适用，不像其他形式的担保，几乎在各种合同关系中都可以适用。

三、合同的变更、转让和终止

（一）合同的变更

合同依法成立，即具有法律约束力，任何一方不得擅自变更合同。但是由于各种情况变化可能会对合同的履行造成不利的影响时，法律允许变更合同，以避免或减少不必要的损失。

合同变更是指合同成立之后、履行完毕之前，由双方当事人依法对合同的内容所进行的修改、补充、增加或者删除的法律行为。变更合同是对当事人原意思表示的调整，由于合同的订立是建立在当事人协商一致的基础之上的，因此变更合同也须当事人协商一致。变更合同应当办理批准、登记等手续的，应当办理相关手续。当事人对合同变更的内容约定不明确的，推定为未变更。

（二）合同的转让

合同的转让，即合同主体的变更，是指合同当事人将合同权利、义务的全部或部分转让给第三人的行为。合同的转让包括三种情形，合同权利转让、合同义务转让和合同权利义务全部转让。但在合同转让过程中有下列情形之一的除外：（1）根据合同性质不得转让；（2）按照当事人约定不得转让；（3）依照法律规定不得转让。

1. 合同权利的转让。即债权转让。债权人转让权利的，应当通知债务人。未经通知，该转让对债务人不发生效力。债权人转让权利的通知不得撤销，但经受让人同意的除外。债权人转让权利的，受让人取得与债权有关的从权利，但该权利专属于债权人自身的除外。债务人接到债权转让通知后，债务人对让与人的抗辩，可以向受让人主张。如果债务人对让与人享有债权，并且债务人的债权先于转让的债权到期或者同时到期的，则债务人可以向受让人主张抵消。

2. 合同义务的转让。即债务转移。债务人将合同的义务全部或者部分转让给第三人的，应当经债权人同意。债务人转移义务的，新债务人可以主张原债务人对原债权人的抗辩；同时应当承担与债务有关的从债务，但该从债务专属于原债务人自身的除外。

3. 合同转让的其他规定：(1) 当事人一方经对方同意，可以将合同中的权利义务一并转让给第三人。合同权利义务一并转让的，适用上述规定。(2) 法律、行政法规规定转让权利或者义务应当办理批准、登记等手续的，应当办理相关手续。(3) 当事人订立合同后合并的，由合并后的法人或者其他组织行使合同权利、履行合同义务。当事人在订立合同后分立的，除债权人和债务人另有规定的以外，由分立的法人或者其他组织对合同的权利和义务享有连带债权，承担连带责任。

(三) 合同的终止

1. **合同终止，是指合同当事人双方终止合同关系，合同确立的关系消灭的法律行为**。合同终止，合同中设定的权利义务也都归于消亡。我国《合同法》规定，有下列情形之一的，合同的权利义务终止：(1) 债务已经按照约定履行；(2) 合同解除；(3) 债务相互抵消；(4) 债务人依法将标的物提存；(5) 债权人免除债务；(6) 债权债务归于一人；(7) 法律规定或者当事人应当终止的其他情形。

2. **合同解除，是指合同有效成立以后，根据法定条件或者当事人协议，提前终止合同权利义务关系的法律行为**。合同解除有以下两种情况：

(1) **协议解除**，是指双方当事人协商同意解除合同的行为，包括在订立合同的同时约定解除合同的条件，当解除合同条件成就时，当事人可以解除合同；或者在合同履行过程中，经双方协商同意解除合同。

(2) **法定解除**，是指合同成立后，没有履行或没有完全履行以前，当事人一方行使法定解除权而使合同终止的行为。有下列情形之一的，当事人可以解除合同：①因不可抗力致使不能实现合同目的；②在履行期限届满之前，当事人一方明确表示或者以自己的行为表明不履行主要债务；③当事人一方迟延履行主要债务，经催告后，在合理期限内仍未履行；④当事人一方迟延履行债务或者其他违约行为致使不能实现合同目的；⑤法律规定的其他情形。

从上述②、③、④的规定来看，只有在不履行主要债务、不能实现合同目的的情况下，也就是根本违约时，才能依法解除合同。如果仅是一般违约（部分质量不合格、履行稍延迟等情况），当事一方不能解除合同，而应按违约责任处理。

解除合同时，当事人一方行使解除权时应当通知对方，合同自通知到达对方时解除。对方有异议的，可以请求人民法院或者仲裁机构确认解除合同的效力。法律、行政法规规定的解除合同应当办理批准、登记等手续的，应当办理相关手续。

3. 债务抵消，是指双方互负债务，各自以其债权冲抵自己的债务，从而使自己的债务与对方的债务在对等额内相互消灭。债务抵消分为以下两种：

（1）法定抵消，是指由法律规定抵消条件，当条件具备时，按照当事人一方的意思表示即可发生抵消债务的效力。当事人互负到期债务，该债务的标的物种类、品质相同的，任何一方可以将自己的债务与对方的债务抵消，但依照法律规定或者合同约定不得抵消的除外。

（2）约定抵消，是指当事人互负债务，标的物种类、品质不相同的，经双方协商一致，也可以抵消。当事人主张抵消的，应当通知对方。通知自到达对方时生效。抵消不得附条件或者附期限。

4. 提存，是指因债权人的原因致使债务人无法履行债务时，债务人将合同标的物交给特定部门而使合同权利义务关系终止的一项制度。我国目前以公证部门作为提存部门。发生以下情形，致使合同难以履行债务时，债务人可以将标的物提存：（1）债权人无正当理由拒绝受领；（2）债权人下落不明；（3）债权人死亡未确定继承人或者丧失民事行为能力未确定监护人；（4）法律规定的其他情形。

如果标的物不适于提存或者提存费用过高，则债务人可以拍卖或者变卖标的物，提存所得的价款。标的物提存后，毁损、丢失的风险由债权人承担。提存期间，标的物的孳息归债权人所有，提存费用由债权人承担。债权人可以随时领取提存物。但债权人对债务人负有到期债务的，在债权人未履行债务或者提供担保之前，提存机构根据债务人的要求应当拒绝其领取提存物。债权人领取提存物的权利，自提存之日起 5 年内不行使而消灭，提存物扣除提存费用后归国家所有。

5. 免除债务。债权人免除债务人部分或者全部债务的，合同的权利义务部分或者全部终止。债权人免除债务，实际是债权人自愿放弃债权。我国《合同法》规定，债权和债务同归于一人的，合同的权利义务终止，但如涉及第三人利益的，则合同不终止，即债权不能消灭。

提示：

合同解除后，尚未履行的，终止履行；已经履行的，根据履行情况和合同性质，当事人可以要求恢复原状、采取其他补救措施，并有权要求赔偿损失。

模块二 违反合同的责任

一、承担违约责任的前提和构成要件

违约责任即违反合同的民事责任，是指合同当事人不履行合同义务或者履行合同义务不符合规定时应承担的民事责任。

合同生效后，会对当事人形成法律上的拘束力。当事人应当全面履行合同中约定的义务，否则将要承受对自己的不利的法律后果，即违约责任。违约责任是我国《合同法》规定的一项重要制度。这不仅是保障合同履行、确保当事人合法权益的需要，而且也是处理合同争端、确保市场经济秩序的重要法律依据。因此，违约责任制度是合同具有法律约束力的集中体现，是合同法律制度的核心内容。

1. **承担违约责任的前提**。合同的有效成立是承担违约责任的前提。因为合同有效，才对当事人具有法律约束力，并受国家法律保护。如果合同无效，则合同约定的事项及当事人的权利义务不受国家法律保护，故不存在违约及违约责任的问题。

2. **违约责任的构成要件**。违约责任的构成要件分为一般构成要件和特殊构成要件。

（1）**一般构成要件**，是当事人承担任何形式的违约责任都必须具备的要件。一般构成要件仅有一项，即违约行为。**违约行为是指当事人违反合同义务的行为**。这种行为只能由合同义务人即债务人实施。我国《合同法》规定，当事人一旦不履行合同义务或者履行合同义务不符合规定的，应当承担违约责任。也就是说，只要当事人有不履行合同义务或者履行合同义务不符合约定的情况存在，不管当事人主观上是否有过错，除不可抗力可以免责外，都要承担违约责任。

（2）**特殊构成要件**，是当事人承担特定形式的违约责任所应当具备的要件。如损害赔偿责任所要求的过错、违约行为、损害事实、违约行为与损害事实之间的存在因果关系等要件。

3. **违约责任的免责事由**，主要包括以下几种情况：（1）不可抗力，即不能预见、不能避免也不能克服的客观情况，如地震、火灾等。（2）受害人过错，即指受害人对违约行为或损害后果的发生或扩大存在过错，则行为人可在受害人过错的范围内免责。（3）合同双方在合法范围内约定的免责条款。

二、违约责任的承担方式

我国《民法通则》规定了十种承担民事责任的方式。我国《合同法》规定，当事人一方不履行合同义务或者履行义务不符合约定的，应当承担继续履行、采取补救措施或者赔偿损失等违约责任，同时还对违约金、定金等作了规定。

（一）继续履行

继续履行，又称实际履行、强制实际履行，是指一方当事人不履行合同义务或者履行合同义务不符合约定时，另一方当事人有权要求其按照合同的规定予以履行。

1. 金钱债务违约的继续履行。金钱债务是指当事人直接支付货币的义务。我国《合同法》规定，当事人一方未支付价款或者报酬的，对方可以要求其支付价款或者报酬。

2. 非金钱债务违约的继续履行。非金钱债务是指除直接支付货币以外的债务，如提供货物、提供劳务、完成工作等。非金钱债务不同于金钱债务，其标的有时具有特定性和不可替代性，所以非金钱债务更应强调实际履行，以利于合同的实现。但是如果出现：（1）法律上或事实上不能履行；（2）债务的标的不适于强制履行或者履行费用过高；（3）债权人在合理期限内未要求履行等情况，继续履行已经不可能或者没有必要，当事人可要求采取赔偿损失等其他补救措施。

（二）采取补救措施

当事人履行合同义务不符合约定的，对方当事人可以要求其根据履行的具体情况采取相应的补救措施。受损害方根据标的的性质以及损失的大小，可以合理选择要求对方承担修理、更换、重做、退货、减少价款或者报酬等违约补救措施。

（三）赔偿损失

赔偿损失是常见的责任形式，其目的是通过金钱给付使遭受损失的一方当事人能够得到相应的弥补。损失赔偿额应当相当于因违约所造成的损失，包括合同履行后可以获得的利益，但不得超过违反合同一方订立合同时预见到或者应当预见到的因违反合同可能造成的损失。

支付赔偿金的构成要件，因其采用的归责原则不同而有所不同。采用过错责任原则时，支付赔偿金的构成要件包括：（1）损失事实。（2）违约行为。（3）主观过错。有了损害事实和违约行为，但没有主观过错，包括故意和过失，行为人也不承担责任。（4）违约行为和损失事实之间存在因果关系。在采用严格责任原则时，支付赔偿金的违约责任构成要件无需主观过错。

（四）违约金

违约金是当事人在合同中约定的或者法律规定的，当发生违约时，违约方向对方支付的一定数额的货币。违约金有法定违约金和约定违约金之分。**约定违约金**是当事人在合同中约定的违约金；**法定违约金**是由法律、行政法规直接规定的违约金。具体又可分为浮动比例违约金和固定比例违约金。

我国《合同法》规定，当事人可以约定违约时应当根据违约情况向对方支付一定数额的违约金，也可以约定因违约产生的损失赔偿的计算方法。违约金的数额还可以根据具体情况进行适当调整，约定的违约金低于造成的损失，当事人可以请求人民法院或者仲裁机构予以增加；约定的违约金过分高于造成的损失的，当事人可以请求人民法院或者仲裁机构予以适当减少。

《合同法》所规定的违约金基本上是补偿性质，只有在约定的违约金没有过分高于造成的损失时，违约金才具有一部分惩罚性质。

（五）定金

定金作为一种担保形式，我国《合同法》规定，当事人既约定违约金又约定定金的，一方违约时，对方可以选择适用违约金或者定金条款。

小案例

安徽首起会展合同纠纷案一审尘埃落定（接案例导读）

2007年9月，这起长达一年的纠纷终于有了答案。安徽省合肥高新技术产业开发区人民法院最终作出判决：汽车嘉年华与汽博会两个展览相比较，虽然两者名称不同，但二者均在会展中心设立了固定的汽车展位，参展的汽车涉及大众、丰田、奇瑞、长安等众多家用轿车品牌，家用汽车参展商数量、展位面积均占整个展会室内展区面积的70%以上，因此足以认定二者从展览规模、展览目的、展览内容、面向对象均存在类似之处，属于类似的汽车展览，会展中心允许他人举办汽车嘉年华的行为已经构成违约。依据《中华人民共和国合同法》第一百零七条、第一百一十三条第一款、第一百一十四条第一款的规定判决如下：被告安徽国际会展中心有限公司于本判决生效之日起10天内赔偿原告安徽省汽车行业协会损失20万元。

模块三　会展合同的要点

会展合同是指会展组织者与参展商之间订立的，约定会展活动中双方权利义务等事项的协议书，也称会展协议书、参展协议书。

会展合同的订立是当事人之间对会展活动过程中发生的行为达成协议，双方都愿意按照合同规定的内容认真遵守和执行，发生问题也以合同所规定的内容为处理的依据。会展合同法律制度的确立有助于规范会展行为和促进会展行业的发展。

我国会展市场目前尚没有统一格式的会展合同。《中华人民共和国合同法》中也没有专门对会展合同作出具体的规定。

一、会展合同的特征

1. 会展合同是双务、有偿合同。**双务合同是指当事人双方互负对等给付义务的合同，**即一方当事人愿意负担履行义务，旨在使他方当事人因此负有对等履行的义务；或者说，一方当事人所享有的权利即为他方当事人所负担的义务。会展合同中，约定会展组织者为参展商提供服务，包括寻找场地，划分展台，展品运输、保管，招待观众等，参展商因此给付会展组织者参展费、展台租赁费等报酬。

2. 会展合同是无名合同。**无名合同又称非典型合同，是指法律上尚未确定一定名称和规则的合同。**我国《合同法》还没有将会展合同单列，会展合同在我国还属于无名合同。对于无名合同而言，除了应适应《合同法》的一般规则，还应当比照类似的有名合同的规则，参照合同目的及当事人的意思等进行处理。因我国目前没有会展法，相关领域内的法律如《合同法》、《消费者权益保护法》、

《知识产权法》、《商标法》等还将在会展合同中起重要的调整作用。

3. 会展合同是要式合同。**要式合同是指必须依据法律规定的方式而成立的合同**。对于一些重要的交易，法律常常要求当事人必须采取特定的方式订立合同。对举办会展活动，我国采取的是审批制，需要主办者提交相关的申请文件，批准后对该会展予以登记，主办单位对参展商的资格审核情况还需报登记机关备案。可见，会展合同并非只要双方当事人达成了合意即可成为有效的合同。另外，会展合同涉及面很广，其参与主体也非常多，相互之间的关系十分复杂，订立书面合同是必要的。

二、会展合同的内容

会展合同具有许多功能。它能明确缔结合同双方的权利和义务，规定了履行的时间和方式，为各方所认可的责任分担提供依据，对违约责任作了规定。如果双方有争议，合同能区分各方的责任和义务。会展合同应当是许多约定的综合体，合同里应写明与会展相关的各种事项，分清权利与义务。

会展合同内容应包括：展览会管理、符合条件的展品、责任范围、展位高度、招商、样品、服饰、零售、防火、标志及标志副本、灯饰、展位代表、入场、参展商代表的责任等。

相关链接

参展商合同要素

1. 当事人身份。
2. 会展举行的时间和地点。
3. 举办会展的目的。
4. 对展位的描述。
5. 参展费以及支付条件和日期。
6. 取消以及退款规定。
7. 展出的产品或者服务。
8. 责任/赔偿限定条款。
9. 保险条款。
10. 不可抗力或者天灾条款。
11. 管理方关闭展览或者拒绝对方参与的权利。
12. 遵守所有法律和物业规定。
13. 会展条例。
14. 其他条款。
15. 合同中双方当事人的签名。

有一些事情需要在合同中注明，而有一些事项最好在参展手册或者其他一些沟通方法中提出。对在刚建立合同时还是不明确的规章制度或者一些需要改变的事项，最好在参展手册中写明，这不会减少参展商受约束的程度。参展商合同可以涉及不同的文件，并由此把它们组合起来，使它们像是合同的一部分。这些随后发布的规定同样具有约束力，只要它们是合理的，而且不改变合同中的实质性条款。

相关链接

2007年春季（第六十九届）中国电子展暨
2007中国（深圳）国际电子展参展手册目录

展览会须知

1. 展览会名称
2. 展览会日程安排
3. 进场守则
4. 宣传服务
5. 新闻办公室
6. 边境管理区通行证办理
7. 展品运输及储运
8. 展台搭建
9. 展具租用表
10. Internet端口及电话、电力租用表
11. 运输指南

表格及截止日期

表1　客户邀请表/入场券
表2　会刊登记表
表3　会刊广告
表4　技术与交流活动申请表
表5　特装展位设计方案表
表6　预订酒店、返程火车票、飞机票

展览会有关规定和注意事项

1. 展品出场及提早离场申请
2. 保安服务
3. 自行设计及装修特殊结构展台
4. 展览会规则
5. 参展商报到流程

三、会展业相关服务合同

会展合同应当是许多合同的综合体。一个运作成熟的展览会往往会发布一个章程，对本展览中所涉及的事项一一予以说明，参展商参加展会必须同意该章程的规定。这种章程类的规定是展览完善且成熟的标志。展览会章程制定水平的高

低直接决定着展览能否顺利成功地举行。会展合同的形式不限。当前，我国比较常见的会展合同有以下六类：

1. 展会展位申请合同。只有参展商参加展会的申请得到会展主办方的同意，参展商才能参加展会，这类合同的当事人双方是参展商与会展主办方。

2. 展会展位租赁合同。在会展活动中，参展商必须以自己所租赁的展位为依托展览自己的展品，这类合同的当事人双方是参展商与会展主办方。

3. 展览设备购买合同。无论是参展商还是会展主办方，他们都需要展览设备来为会展服务，这类合同的当事人双方是参展商与展览设备提供商或会展主办方与展览设备提供商。

4. 会展服务合同。会展主办方除了将展位租赁给参展商，还应为参展商提供其他服务，这关系到参展商能否在会展上得到满意的成果和整个会展的成功。这类合同的当事人双方是参展商与会展主办方。

5. 会展买卖合同。在会展上参展商与购买者的交易是会展活动的中心环节，其当事人双方是参展商与购买者。

6. 会展物流服务合同。会展物流是指展销产品从参展商经由会展中转流向购买者的物理运动过程，它是展销活动供需双方以外的第三方组织者所提供的一种具有后勤保障功能的服务，由会展组织者在综合了会展现场多个供需对应体的信息要求后，统一指挥、统一安排、统一协调的会展物资流通体系。会展物流服务合同的当事人双方是会展主办者一方与参展商和购买者共同的一方。

附录一

展览承办代理合同（范文）

甲方：

地址：　　　　　　　　　　电话：

账号：　　　　　　　　　　开户行：

乙方：

地址：　　　　　　　　　　电话：

账号：　　　　　　　　　　开户行：

甲方委托乙方代理甲方主办/参加之__________展览/博览会。为此，甲乙双方签署如下协议，共同遵守执行：

一、乙方代理项目

1. 展品运输/仓储。
2. 展品布置。
3. 展位布置/装修。
4. 礼仪及展位人员培训。

5. 展物保险代理。

6. 参展人员住宿预订。

7. 会展期间/后的商务考察安排代理。

8. 返程票务预订。

9. 展期交通安排。

10. 展览秘书服务代理。

11. 餐饮及商务酒会预订。

二、代理项目标准

1. 展品运输/仓储。甲方之展品外包装尺寸为______×______厘米，重量不超过______千克，适用□人工；□小型装卸机械装卸。甲方自行通过□航班；□铁路；□公路运抵__________。具体抵达______的时间为______月______日（以传真通知为准）。乙方接货地点为__________，运输至______________。仓储地点由双方确定。

此项服务费用为__________元。

2. 展品布置。包括将展品从仓储地点运抵______________，卸展品，按□甲方提供；□乙方设计，甲方认可之展览效果摆放展品。甲方工作人员固定并调试展品。

3. 展位布置/装修。展位的布置/装修按甲方效果图及施工图进行。材料由□甲方提供；□乙方代购。具体材料要求及质量要求甲方另附文件。

布置/装修预算见附件。

4. 礼仪及展位人员培训。乙方为甲方提供礼仪人员□男__________名；□女________名。礼仪人员服务事项为：（1）展位迎接及服务；（2）酒会服务；（3）参展嘉宾迎送服务；（4）引导服务。以上具体的服务程序、服务标准、服务时间见附件。服务费用为________元。（5）展位人员培训。乙方为甲方参展人员提供培训，________学时，地点为__________酒店，时间为____月______日至______月______日。培训器材及培训师由乙方提供，培训内容见附件。培训费用为________元。

5. 展物保险代理。乙方代理甲方购买展物保险，包括展品安全保险、火灾保险、参展人员伤害保险、展品失窃保险等。购买保值为______________万元。保期为____月____日____时至____月____日____时。保费共计为____________元。保险理赔办法按保险公司合同进行。附保险公司格式合同。

6. 参展人员住宿预订。甲方参展人员共计______人，其中男性______人，女性______人，乙方代理预订______________酒店标准间________间、行政套间______间，入住时间为____月____日至____月____日。费用总计____________元。乙方承诺：甲方实际消费的酒店房间总数可以在预订总数的基础上增加或者减少______间，乙方在此范围内不要求甲方承担约定更改责任。

7. 会展期间/后的商务考察安排代理。乙方将代理甲方参展人员商务考察。

线路为：

交通工具为：

服务项目有：导游（语种、性别、人数）、礼品购置、旅程责任保险、考察主体联系安排、景区门票代购、旅程餐饮安排预订。

费用总计：________________元。

8. 返程票务预订。为甲方参展人员提供返程票务代理，此项服务免费，但如果预订铁路车票，甲方须支付手续费——卧铺40元/张。航空机票为明折明扣。乙方尽量但不保证按甲方要求满足时间确定或者等级、数量要求。

9. 展期交通安排。展览期间，乙方为甲方代理安排通勤交通车辆代理。车型是______，使用____辆，车辆形式范围__________，使用形式____________，费用标准________元/天辆，费用总计__________元。

10. 展览秘书服务代理。展览期间，乙方为甲方提供如下形式的秘书服务：(1) 翻译；(2) 餐饮安排/送达；(3) 资料发放；(4) 广告代理；(5) 快速印刷/平面设计；(6) 其他临时性事务。

本条涉及的服务项目除翻译须明示外，其余均可在展期临时口头或书面协商，按市场价格约定费用，其费用不包括在本协议书内。翻译的使用期限为____月____日至____月____日，语种及人数为________语____名、________语____名、________语____名、________语____名、________语____名、性别要求为____，要求胜任________________领域之□书面；□口语翻译工作。

11. 餐饮安排代理。乙方代理甲方参展人员餐饮，共计______人，其中正餐________餐，早餐______餐。就餐方式为早餐是□中式自助餐；□西式自助餐；□围桌中餐；□围桌西餐。正餐形式为 □围桌；□外卖直送；□宴会。

费用分列、就餐地点、时间、交通服务及各式餐饮标准和食谱见附件。

12. 新闻发布会及商务酒会代理。甲方委托乙方于______月______日______时在__________________举办______________新闻发布会。乙方代理的事项有：(1) 场地布置；(2) 器材及线路安装；(3) 邀请嘉宾的商务用车；(4) 嘉宾的住宿及餐饮安排；(5) 会后酒会安排。

各项代理的细则详见附件。

三、费用及支付方法

1. 总费用。以上各项服务费用总计为__________________元（人民币）。

2. 实际费用核定。乙方提供服务项目明细凭单（一式两份），乙方指定人员（该人员应对临时服务有认可权，双方认可之签收人笔迹）签收，乙方凭签收凭单与甲方人员核定实际费用。

3. 支付办法。本协议签署生效后，甲方承诺在签署之日起____个工作日内支付总费用的______%（即人民币____________元），展览布置完成后立即支付乙方总费用的______%（即人民币____________元）。其余部分在展览结束后双方审核并认可实际发生费用后，甲方立即或者在________个工作日内一次性支付给乙方。

四、不确定事项约定

基于临时服务的不确定性，双方约定：

1. 甲方指派＿＿＿＿＿＿＿＿为甲方全权代表，负责联络乙方并对下达的临时服务要求负责。

2. 甲方提出临时服务要求且乙方已经完成后，应该书面签收服务凭单，凭单格式见附件。服务凭单将作为最后核算的依据之一。

3. 乙方指派＿＿＿＿＿＿＿＿为乙方全权代表，负责安排甲方下达的临时性服务要求。

五、生效、免责、变更及取消

本合同签署且甲方第一次付款到达后立即生效。合同生效后，如果甲方由于非免责原因要求变更服务的，按下列条款处置：

1. 甲方确认。除非发生以下几种情况，否则甲方不存在撤销或变更本协议理由——如果撤消或变更，乙方将有权要求甲方支付撤消或变更给乙方造成的预期损失：(1) 战争或政治事件；(2) 甲方进入破产程序；(3) 甲方实体进入重组变更程序；(4) 由于政策或法律变化导致会议不可能举行。

2. 甲方可以在预订的期间内变更会议时间，但变更通知必须于预订期限前＿＿＿天抵达乙方，乙方接到甲方通知后应在＿＿＿个工作日内以（□传真；□电邮；□公函）方式回执确认，甲方在接到乙方确认文件后即表示甲乙双方就会议时间的变更达成一致，双方间的协议除会议日期外，其余不作变更。

3. 乙方服务的变更。除非发生如下情形，否则乙方无权变更服务：(1) 乙方签约的下游服务商出现法律规定的破产、停业或者其他人力不可抗拒的服务中止事件，同时乙方更换的下游服务商不能满足甲方要求；(2) 会议地点出现重大自然灾害（包括急性传染病）；(3) 会议地点出现重大政治事件（包括政府征用会议场所）。

如果不是由于上述原因，乙方要求变更服务，将赔偿甲方由于服务变更而导致的预期损失。出现本条款所列事项时，乙方应该在第一时间内以书面形式通报甲方，并在甲方收到通知后作出变更预案供甲方选择，乙方保证变更的服务应当不低于原来协议水准。

基于友好合作的精神，所有变更事宜双方同意协商解决。同时双方约定：

(1) 甲方变更或取消会议应当在协议生效后会议正式举办前＿＿＿个工作日前通知乙方，除乙方已经支付的成本外（在甲方的预付款项中抵扣，不足部分乙方有权要求甲方补足，多余部分乙方同意返还甲方），乙方放弃预定收益的索赔。

(2) 甲方变更或取消会议的决定如果在会议前＿＿＿＿日通知乙方，甲方应赔付乙方预期利益的＿＿＿%，并不退回预付金。

(3) 甲方变更或取消会议的决定如果在会议前＿＿＿＿日通知乙方，甲方应赔付乙方预期利益的100%，并不退回预付金。

(4) 乙方由于非本条款原因要求改变服务或者取消的，于会议举办前＿＿＿

日通知甲方的，必须全额退还甲方预付款。

(5) 乙方由于非本条款原因要求改变服务或者取消的，于会议举办前______日通知甲方的，除退还甲方预付款外，还必须赔付甲方本协议总金额的____%，如在______日前通知甲方，乙方必须全额赔付。

4. 双方约定，本协议规定的服务及费用核算原则如下：

(1) 住宿、餐饮及车辆按协议标准结算。基于可以理解的原因，允许实际费用总量下浮5%，即如果甲方需要的服务低于预定的95%，按95%结算；高于95%的，按实际服务费用结算。

(2) 除协议规定的服务总量以外，乙方同意按协议标准提供服务预留空间，但不超过总量的5%（指各单项服务）。甲方如果需要超过预订的服务，在5%范围内可享受协议标准，超过部分乙方尽量但不保证提供协议标准服务。

(3) 双方确认，所有服务费用在____月____日前由甲乙双方核算认可，甲方保证一次性将款项支付给乙方；如果超过约定期限，乙方有权要求甲方支付滞纳金，标准为总量的0.5%，按日计算。

六、生效

本协议自双方共同签章且甲方提供规定的预付金后生效。协议所提附件作为其不可分割部分，与协议主体有相同法律效力。协议一式四份，双方各执两份。

七、未尽事宜、仲裁

双方约定，如果对本协议执行出现争议，将首先协商解决；如果协商不能解决，双方将申请仲裁解决，仲裁地点为____________________。

附录二

货物运输合同（范文）

甲方：____________________ 乙方：____________________
地址：____________________ 地址：____________________
邮编：____________________ 邮编：____________________
电话：____________________ 电话：____________________
法定代表人（委托代理人）：________ 法定代表人（委托代理人）：______
开户行：____________________ 开户行：____________________
账户：____________________ 账户：____________________

甲乙双方为携手合作，促进发展，满足利益，明确责任，依据中华人民共和国有关法律的相关规定，本着诚实信用、互惠互利原则，结合双方实际，协商一致，特签订本合同，以求共同恪守。

第一条 货物名称、规格、数量、价款。

货物编号	品名（编码）	重量/体积 千克/立方米	单位	单价	数量	金额

第二条 包装要求：托运人必须按照国家主管机关规定的标准包装。没有统一规定包装标准的，应根据保证货物运输安全的原则进行包装。否则，承运人有权拒绝承运。

第三条 货物起运地点：________________。

货物到达地点：________________。

第四条 货物承运日期：________________。

货物运到日期：________________。

第五条 运输质量及安全要求：________________。

第六条 货物装卸责任和方法：________________。

第七条 收货人领取货物及验收方法：________________。

第八条 运输费用、结算方式：________________。

第九条 各方的权利和义务。

1. 托运人的权利和义务。

(1) 托运人的权利。要求承运人按照合同规定的时间、地点，把货物运输到目的地。货物托运后，托运人需要变更到货地点或收货人，或者取消托运时，有权向承运人提出变更合同的内容或解除合同的要求。但必须在货物未运到的目的地之前通知承运人，并应按有关规定付给承运人所需费用。

(2) 托运人的义务。按约定向承运人交付运杂费。否则，承运人有权停止运输，并要求对方支付违约金。托运人托运的货物应按照规定的标准进行包装，遵守有关危险品运输的规定，按照合同中规定的时间和数量交付托运货物。

2. 承运人的权利和义务。

(1) 承运人的权利。向托运人、收货方收取运杂费用。如果收货方不交或不按时缴纳规定的各种运杂费用，承运人对其货物有扣押权。查不到收货人或收货人拒绝提取货物，承运人应及时与托运人联系，在规定期限内负责保管并有权收取保管费用，对于超过规定期限仍无法交付的货物，承运人有权按有关规定予以处理。

(2) 承运人的义务。在合同规定的期限内，将货物运到指定的地点，向收货人发出货到通知。对托运的货物要负责安全，保证货物无短缺、无损坏、无人为的变质，如有上述问题，应承担赔偿义务。货物到达以后，在规定的期限负责保管。

3. 收货人的权利和义务。

(1) 收货人的权利。货物运到指定地点后有以凭证领取货物的权利。必要时，收货人有权向到站或中途货物所在站提出变更到站或变更收货人的要求，签订变更协议。

(2) 收货人的义务。接到提货通知后，按照提取货物，缴清应付费用。超过规定期限提货时，应向承运人交付保管费。

第十条 违约责任。

1. 托运人的责任。

(1) 未按合同规定的时间和要求提供托运的货物，托运人应按其价值的一定比例偿付给承运人违约金。

(2) 由于在普通货物中夹带、匿报危险货物，错报笨重货物重量等而招致吊具断裂、货物摔损、吊机倾翻、爆炸、腐蚀等事故，托运人应承担赔偿责任。

(3) 由于货物包装缺陷产生破损，致使其他货物或运输工具机械设备被污染腐蚀、损坏，造成人身伤亡的托运人，应承担赔偿责任。

(4) 在托运人专用线或在港、站公用线，专用铁道装的货物，到站卸货时，发现货物损坏、缺少，在车辆施封完好或无异状的情况下，托运人应赔偿收货人的损失。

(5) 罐车发运货物，因未随车附带规格质量证明或化验报告，造成收货方无法卸货时，托运人应偿付承运人卸车等费用和违约金。

2. 承运人的责任。

(1) 不按合同规定的时间和要求配车（船）发运的，承运人应偿付托运人违约金。

(2) 承运人如将货物错运到货地点或接货人，应无偿运至合同规定的到货地点或接货人。如果货物逾期到达，承运人应偿付逾期交货的违约金。

(3) 运输过程中货物灭失、短少、变质、污染、损坏，承运人应按货物的实际损失（包括装费、运杂费）赔偿托运人。

(4) 联运的货物发生灭失、短少、变质、污染、损坏，应由承运人承担赔偿责任的，由终点阶段的承运人向负有责任的其他承运人追偿。

(5) 在符合法律和合同规定条件下运输，由于下列原因造成货物灭失、短少、变质、污染、损坏的，承运人不承担违约责任：①不可抗拒原因；②货物本身的自然属性；③货物的合理损耗；④货运人或收货方本身的过错。

本合同正本一式两份，合同双方各执一份；合同副本四份，送进出口有限公司和负责运输的汽车司机各一份，甲乙双方各留一份。

托运人：________　　承运人：________

代表人：________　　代表人：________

电　话：________　　电话：________

地址：________　　地址：________

开户银行：________　　开户银行：________

账号：________　　账号：________

日期：____年____月____日____　　日期：____年____月____日

附录三

上海市展览场地租赁合同（范文）

上海市工商行政管理局　上海市对外经济贸易委员会
上海市会展行业协会　制定

展场经营单位（下称“甲方”）：	承租展场单位（下称“乙方”）：
地址：	注册地址：
	办公地址：
电话：	电话：
传真：	传真：

根据中华人民共和国有关法律、法规和本市有关规定，甲、乙双方遵循自愿、公平和诚实信用原则，经协商一致订立本合同，以资共同遵守。

第一条　合同主体

1.1　甲方系依法取得坐落于________________________法人。

1.2　乙方系本合同约定的展会的主办单位。

第二条　生效条件

本合同经双方签署生效。对依法需经政府部门审查的展会，本合同应自展会取得政府部门审查批准后生效。

第三条　租赁场地

甲方同意乙方租用位于__________，总面积为____平方米的场地（下称“租赁场地”），用于乙方举办______________（展会全称）。

第四条　租赁期限

4.1　租赁期限为____年____月____日至____年____月____日，共____天。

其中：进场日期：自______年______月______日至______年______月______日；展览日期：自______年______月______日至______年______月______日；撤离场地日期：______年______月______日。

4.2　乙方每日使用租赁场地的时间为上午____至下午____。乙方和参展商可以在前述时间之前____小时内进入展馆，在前述时间之后____小时内撤离展馆。

4.3　乙方需在上述时间之外使用租赁场地，应提前通知甲方。乙方超时使用租赁场地的，应向甲方支付超时使用费用。双方应就具体使用与收费标准协商约定，并作为合同附件。

第五条　展览服务

5.1　租赁期间双方可就以下方面选择约定租赁费用范围内的基本服务：

1. 照明服务：________________________________。

2. 清洁服务：________________________。

3. 验证检票：________________________。

4. 安保服务：________________________。

5. 监控服务：________________________。

6. 咨询服务：________________________。

7. 其他服务：________________________。

5.2 乙方如需甲方提供上述基本服务之外的服务或向甲方租赁各项设备，应与甲方协商，并由乙方向甲方支付费用，具体内容和收费标准应列明清单，作为合同附件。

第六条 租赁费用

6.1 租金的计算如下：

场地类型	租金/平方米/天	面积（平方米）	天数	货币	合计
展览室	人民币/平方米/天或美元/平方米/天			人民币或美元	
展览室	人民币/平方米/天或美元/平方米/天			人民币或美元	
总计	人民币或美元				

6.2 如果租赁场地实际使用面积大于合同约定面积，则租金根据实际使用的总面积作相应的调整。结算方式可由双方另行协商，签订补充协议。

6.3 乙方按如下方式支付租金：

支付日期	签订本合同之日起____天内	年 月 日（进场日期前____天）	年 月 日（进场日期前____天）
展场租费比例			
应付款（人民币或美元）	人民币或美元	人民币或美元	人民币或美元

6.4 所有支付款项汇至如下账户：

以人民币支付：

银行账号：

银行名称：

银行地址：

开户名称：

以美元支付（按支付当日中国人民银行公布的外汇汇率中间价）：

银行账号：

银行名称：

银行地址：

开户名称：

Swift Cod：

6.5 对依法须经政府部门审查的展会，因无法获得政府部门批准导致本合同无法生效的，乙方应通知甲方解除本合同，并按照下列规定向甲方支付补偿金。甲方在扣除补偿金后如有剩余租金，应返还乙方。

解除合同时间	补偿金
租赁期限前____个月以上	已付租金的____%
租赁期限前____个月至____个月	已付租金的____%
租赁期限前____个月至____个月	已付租金的____%
租赁期限前____个月至____个月	已付租金的____%

第七条 场地、设施使用

7.1 乙方应在租赁期开始前____天向甲方提供经双方共同选择约定的下列文件：

1. 一式____份的设计平面图，该平面图至少应包括下列内容：(1) 电力及照明的用量，每个区域容量的布置图及分布供应点位置；(2) 电话位置分布图；(3) 用水区域或用水点；(4) 压缩空气的要求和位置；(5) 卫星电视/Internet 设置图；(6) 甲方展馆内部及其周围红线范围内的其他布置设计。

2. 一份与展览有关的活动的时间表，包括展览会、开幕仪式、进馆、撤馆、货运以及设备使用等的时间。

3. 一份参展企业名录和工作人员数，并请注明国内和国外参展商。

4. 一份使用公共设施的内容，包括设备、家具、礼仪设施、贵宾室和其他服务。

5. 货运单位和装修单位名录及营业执照复印件。

6. 所有参展的展品清单，特别需要注明的是有关大型设备、大电流操作的展品及会产生震动、噪声的展品清单。

7. ______________________________。

7.2 为展览进行搭建、安装、拆卸、运输及善后工作及费用由乙方自行承担。乙方进行上述活动时不得影响其他承租人、展览者在公共区域的活动。

7.3 乙方不得变动或修改甲方的展馆的布局、建筑结构和基础设施，或对其他影响上述事项的任何部分进行变动或修改。在租赁场地的租赁期限内，乙方如需在甲方展馆内的柱子、墙面或廊道等建筑物上进行装修、设计或张贴，须事先得到甲方书面许可。

7.4 租赁期间，双方应保持租赁场地和公共区域的清洁和畅通。

7.5 乙方负责对其自身财产进行保管。

7.6 甲方有权使用或许可第三方使用甲方场地中没有租借给乙方的场地，但不得影响乙方正常使用租赁场地。

7.7 乙方对租赁期限内由乙方造成的对租赁场地、设施和公共区域的任何损害承担责任。

7.8　如果两个或两个以上的展览同期举办，登记大厅、广告阵地、货运通道等公共区域将由有关各方根据实际的租赁场地按比例共享。

第八条　保证与承诺

8.1　甲方保证与承诺：

1. 确保乙方在租赁期内正常使用租赁场地。

2. 按本合同约定的服务内容和标准提供服务。

3. 在甲方人员因工作需要进入租赁场地时，保证进入人员持有甲方出具的现行有效证件，并在进入前向乙方出示。

4. 协调乙方与同期举办的其他展览单位之间对公共区域的使用。

5. 配合乙方或有关部门维护展会秩序。

6. ________________________。

8.2　乙方保证与承诺：

1. 在租赁期前____天取得举办展会所需的工商、消防、治安等政府部门的批准文件并交甲方备案。

2. 在进场日期前____天向甲方提供____份展位平面图。

3. 不阻碍甲方人员因工作需要持有效证件进入乙方租赁场地。

4. 租赁期限届满，在撤离场地日期内将租赁场地恢复原状，返还向甲方租赁的物品并使其保持租赁前的状况。

5. 未经甲方书面同意，不在甲方建筑物内进行广告发布。发布广告如果涉及需要有关政府部门批准的，则负责申请办理相关审批并承担相关费用。若不能获得政府部门批准而导致展览无法如期举办，则承担相应的法律后果。

6. 对乙方雇员或其参展者在租赁期内对甲方实施的侵权行为承担连带赔偿责任。

7. ________________________。

第九条　责任保证

9.1　乙方应妥善处理与参展商之间的争议。在乙方与参展商发生争议且双方无法协商解决时，争议双方可共同提请甲方出面进行调解。甲方无正当理由不得拒绝主持调解。调解期间，任何一方明确表示不愿继续接受调解，甲方应立即终止调解。甲方的调解非争议解决的必经程序。调解不成的，调解中任何一方的承诺与保证均不作为确认争议事实的证据。在调解中，甲方应维护展会秩序，乙方应配合甲方维护展会秩序。

9.2　乙方应于租赁期开始前30天按照本合同规定的租金总额的20%向上海市会展行业协会支付责任保证金，以保证乙方在与参展商发生争议并出现下列情况时承担相应责任：

1. 争议双方经和解达成协议，乙方承诺承担相应的赔偿或补偿责任。

2. 经审判或仲裁机关调解，争议双方达成和解，乙方承诺承担相应的赔偿或补偿责任。

3. 审判或仲裁机关对争议作出终审或终局裁决，乙方被裁决构成对参展商合法权益的侵害，应当承担相应的赔偿责任。

9.3　乙方在支付责任保证金后3天内应向甲方提供责任保证付款凭证。

第十条　知识产权

乙方为推动其展览进行，对甲方名称、商标和标识的使用须事先征得甲方书面同意。如有违反，甲方保留追究乙方侵权责任的权利。

第十一条　保险

11.1　乙方应在进场日期之前向保险公司投保展馆建筑物责任险、工作人员责任险及第三者责任险，将甲方列为受益人之一，并向甲方提供保险单复印件。

11.2　保险公司的理赔不足以支付甲方所受损失的，甲方有权对乙方进行追偿。

第十二条　违约责任

12.1　甲方有下列行为之一的，乙方有权单方面解除本合同，并按照本合同12.4条向甲方主张违约金：

1. 未按本合同的规定向乙方提供租赁场地，经乙方书面催告仍未提供的。

2. 未按本合同5.1条提供基本服务，经乙方书面催告仍未提供的。

3. 未按本合同8.1第5条维护展会秩序，致使展会因秩序混乱而无法继续进行的。

4. ________________________________。

12.2　乙方未按期支付到期租金，应按日向甲方支付逾期付款金额万分之____的违约金，付至实际付款或解除本合同之日。

12.3　乙方有下述行为之一的，甲方有权单方面解除本合同，并按照本合同12.4条向乙方主张违约金：

1. 未按本合同规定支付场地租金和设备租赁、额外服务及超时场地使用等各项应付费用，经甲方催告后____天内仍未支付的。

2. 国际性展会违反本合同规定，擅自变更展题，经甲方催告后仍未纠正的。

3. 未按8.2第1条规定向甲方提供办展所需的相关政府部门的批准文件，经甲方催告后仍未纠正的。

4. 违反本合同规定，擅自使用甲方的名称、商标或标识，经甲方催告后仍未纠正的。

5. 未按本合同9.2条支付责任保证金，经甲方催告后仍未纠正的。

6. ________________________________。

12.4　本合同12.1、12.3条规定的违约金列明如下：

违约行为发生时间	违约金
租赁期限前____个月以上	已付租金的____%
租赁期限前____个月至____个月	已付租金的____%
租赁期限前____个月至____个月	已付租金的____%
租赁期限前____个月至____个月	已付租金的____%
租赁期限前____个月至租赁期届满	已付租金的____%

以上违约金不足以赔偿守约方损失的，违约方应就超额部分损失向守约方承担赔偿责任。

12.5 守约方根据 12.1、12.3 条单方面解除本合同，应在违约行为发生后____天内书面通知违约方，否则视为守约方放弃合同解除权，但不影响守约方向违约方主张违约金和赔偿责任。

12.6 甲方违约的，应在收到乙方解除本合同书面通知之日起一天内返还乙方已付租金，并支付违约金。乙方违约的，甲方应在乙方收到甲方解除本合同书面通知之日起____天内将已扣除乙方应付违约金后的剩余租金返还乙方。

12.7 除本合同 12.1、12.3 条约定外的其他违约行为造成守约方损失，违约方应当承担赔偿责任。

第十三条 变更与解除

13.1 除本合同另有约定外，本合同未经双方协商一致不得变更与解除。

13.2 国际性展会变更展题，须取得政府审批机关的批准，并向甲方提供审批文件。

13.3 双方协商变更或解除本合同的，变更或解除方应提前____天以书面形式通知相对方，相对方应于收到通知后____天内以书面形式答复变更方或解除方，逾期不答复的，视为同意变更或解除本合同。违反本条规定提出协商变更或解除的，相对方有权拒绝。

第十四条 争议解决

因执行本合同而产生或与本合同有关的争议，双方应通过友好协商解决。协商应于一方向另一方书面提出请求后立即举行。如在提出请求后 30 天内无法通过协商解决，双方可选择下列第____种方式解决：

1. 向仲裁委员会申请仲裁，仲裁裁决为终局裁决并对双方均有约束力。
2. 依法向人民法院提起诉讼。

第十五条 不可抗力

15.1 本合同履行期间，任何一方发生了无法预见、无法预防、无法避免和无法控制的不可抗力事件，以致不能履行或不能如期履行合同，发生不可抗力事件的一方可以免除履行合同的责任或推迟履行合同。

15.2 本合同 15.1 条规定的不可抗力事件包括以下范围：

1. 自然原因引起的事件，如地震、洪水、暴风、寒流、火山爆发、大雪、火灾、冰灾、暴风雨等。
2. 社会原因引起的事件，如战争、罢工、政府禁令、封锁等。
3. ____________________________________。

15.3 发生不可抗力的一方，应于不可抗力发生后____天内以书面形式通知相对方，通报不可抗力的详尽情况，提交不可抗力影响合同履行程度的官方证明文件。相对方在收到通知后____天内以书面形式回复不可抗力发生方，逾期不回复的，视为同意不可抗力发生方对合同的处理意见。

15.4 在展会尚未开始前发生不可抗力致使本合同无法履行，本合同应当解除，已交付的租金费用应当返还，双方均不承担对方的损失赔偿。

15.5 展会进行中发生不可抗力致使本合同无法履行，本合同应当解除，已交付的租金费用应当按____返还，双方均不承担对方的损失赔偿。

15.6 发生不可抗力致使本合同需迟延履行的，双方应对迟延履行另行协商，签订补充协议。若双方对迟延履行无法达成一致，应按15.4、15.5条规定解决。

第十六条 适用法律

本合同的订立、履行、终止及其解释适用中华人民共和国现行法律。

第十七条 附件及效力

双方同意作为合同附件的文件均是本合同重要且不可分割的组成部分，与本合同同时生效，并与本合同具有同等法律效力。

第十八条 信息披露

甲方可以网页等形式对外公布本合同约定的展览会名称、馆号和展览日期等相关信息。乙方若调整展会名称、展览日期等内容，应及时书面通知甲方；因乙方未通知甲方致使甲方对外公布的展会名称、展览日期与乙方调整后的不一致，甲方不承担相关责任。

第十九条 保密

双方对基于本合同获取的相对方的办展资料、客户资源等商业信息均有保守秘密的义务。除非相对方书面同意或法律强制性规定，双方均不得以任何形式对外披露该等信息。

第二十条 通知

本合同规定和与本合同有关的所有联络均应按照收件的一方于本合同确定之地址或传真发出。上述联络如直接交付（包括通过邮件递送公司递交），则在交付时视为收讫；如通过传真发出，则在传真发出即时视为收讫，但必须有收件人随后的书面确认为证；如通过预付邮资的挂号邮件寄出，则寄出7天后视为收讫。

第二十一条 其他

本合同一式____份，甲乙双方各执____份，具有同等法律效力。

本合同未尽事宜，经双方友好协商，可订立补充条款或协议，作为本合同附件，具有同等法律效力。

甲方：　　　　　　　　　　　　乙方：

签署日期：　　　　　　　　　　签署日期：

本单元知识结构图

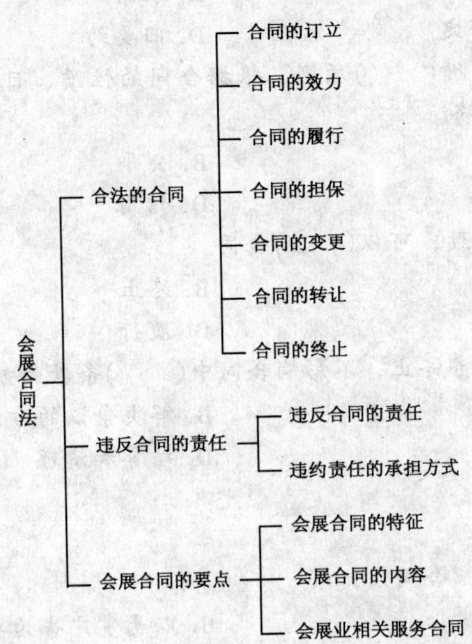

关键词

合同　会展合同

练习与实训

一、填空

1. 合同是平等主体的自然人、法人、其他组织之间设立变更、终止________的协议。

2. 当事人订立合同有________、________和其他形式。

3. 要约是________的意思表示。

4. 我国《合同法》第二十二条规定，承诺应当以________的方式作出。

5. 一般来说，承诺生效的地点就是合同________的地点。

二、单项选择题

1. 当事人采用合同书形式订立合同的，自双方(　　)时合同成立。

A. 当事人签字　　B. 盖章

C. 填完　　D. 当事人签字和盖章

2. 受要约人对要约的内容作出实质性变更的，为(　　)。

A. 新要约　　B. 承诺

C. 对原要约的否定　　D. 旧要约

3. 当事人应当遵循(　　)原则，根据合同的性质、目的和交易习惯履行通知、协助、保密等义务。

A. 自愿　　B. 公平

C. 诚实信用　　D. 信用

4. 当事人协商一致，可以(　　)合同。

A. 废除　　B. 终止

C. 变更　　D. 履行

5. 合同的权利义务终止，不影响合同中(　　)条款的效力。

A. 结算　　B. 解决争议的方法

C. 清理　　D. 结算和清理

三、多项选择题

1. 下列合同适用《合同法》。(　　)

A. 政府采购合同　　B. 以悬赏广告为要约订立的合同

C. 以招标、投标方式订立的合同　　D. 以拍卖方式订立的合同

2. 要约发出以后，遇有下列情况之一时，即不发生效力，或消灭其效力：(　　)。

A. 要约被撤回　　B. 要约被拒绝

C. 要约的有效期限届满　　D. 要约人丧失民事行为能力

3. 要约邀请是希望他人向自己发出要约的意思表示，(　　)为要约邀请。

A. 寄送的价目表　　B. 拍卖公告、招标公告、招股说明书

C. 投标邀请书　　D. 悬赏广告

4. 根据我国《合同法》的规定，下列(　　)合同是无效合同。

A. 一方以欺诈、胁迫的手段订立的合同

B. 倒卖合同的合同

C. 以合法形式掩盖非法目的的合同

D. 损害社会公共利益的合同

5. 依据《合同法》，出现了下述(　　)，一方当事人有权解除合同。

A. 对方当事人有违约行为

B. 发生不可抗力事件，致使合同不能履行

C. 对方当事人在合同约定的期限内没有履行合同，经催告仍未履行

D. 预期非根本性违约

四、判断题

1. 合同的生效时间即为要约到达受要约人时生效。 ( )

2. 以电子邮件形式签署的合同不能视做有效的合同。 ( )

3. 会展合同并非只要双方当事人达成了合意，即可成为有效的合同。 ( )

4. 因为我国尚未有单一的《会展法》，因此，在会展活动中国家现行的各个领域的法规仅作参考。 ( )

5. 合同的变更、终止都必须经双方当事人协商一致后方能成立。 ( )

五、简答题

1. 什么是会展合同？会展合同与一般合同相比有何特点？

2. 合同违约责任的承担方式有哪些？

3. 要约的法律效力体现在哪些方面？

六、知识拓展

要求：上网查找《中华人民共和国合同法》，并仔细阅读各条款。

第三单元 DISANDANYUAN

会展市场规制法

学习目标

- ☐ 知晓市场规制法的组成和作用
- ☐ 掌握各种市场规制法的概念
- ☐ 熟悉违反各种市场规制法的法律责任
- ☐ 熟悉会展活动中利用市场规制法规范办展行为，保护参展商和消费者的权益的途径

案例导读

“济南展”与“国际展”的“口水仗”

济南两家同为家具及木工机械的展览会都宣布将于2004年4月22日前后开幕，且都说对方采用不正当竞争手段诋毁自己的声誉。这两个展会分别是第六届济南国际家具及木工机械展览会（以下简称“济南展”）和中国国际家具及木工机械（山东）展览会（以下简称“国际展”）。这让大多数山东省家具企业，尤其是想参加家具展的参展商感到很困惑。

据了解，此次纠纷的起因缘于“济南展”组委会的一份声明，声称“某些公司及团体对外以第六届济南国际家具及木工机械展览会名义进行招商活动，却发着‘中国国际家具及木工机械（山东）展览会’的邀请函，如此文不对题，其诚信度可想而知”，同时还称“该展会将多个专业展项同时展出，存在主题混乱、会期短、交通不畅等问题”。

为此，“国际展”组委会特意召开了招商情况说明会。“国际展”组委会主任在关于名称问题的陈述中表示，他们在所有展会宣传材料中全部以中国国际家具及木工机械（山东）展览会冠名，并没有使用“第六届”的字样，更无开展招商。关于主题混乱问题，他表示他们举办的就是家具及木工机械专业展览，并且已与舜耕会展中心签订了场馆使用协议。其展期为3天，符合专业展会会期的惯例，也不存在会期短的问题。舜耕国际会展中心是目前济南市标志性建筑之一，交通四通八达，因此交通不畅的问题更不存在。同时，济南舜耕国际会展中心总经理也在会上作了发言，对“国际展”是舜耕国际会展中心2004年上半年承接

的唯一的家具展会和展馆交通便捷给予了证实。事后，“济南展”组委会的有关人士承认声明中有欠妥的地方。

（资料来源：www.jiaju.cc）

想一想：

1. 两家展览会起纠纷的原由是什么？

2. 你认为哪家展览会在此事件中有失当行为？

3. 这样的展会竞争合理吗？

会展经济是市场经济的产物，而竞争是市场经济最基本的运行机制，是市场经济条件下配置资源的基本手段。只有公平的竞争才能保障市场机制的有效运行，才受法律的保护。本案中，“济南展”组委会的做法显然违背了市场经济公平竞争的规则。

目前，我国会展经济虽然发展很快，但市场秩序非常混乱。只有规范发展的会展经济才可以成为我国国民经济发展的新增长点。因此，规范我国会展市场的秩序应是目前我国会展业发展的当务之急。

本单元所介绍的《消费者权益保护法》、《反不正当竞争法》、《广告法》以及《知识产权保护法》都是全国人大已颁布实施的规范市场秩序的最基本的法律文件。这些调整市场管理关系的法律规范总称为市场规制法，它们都具有保护竞争者、保护消费者和保护社会公共利益的功能。

模块一　消费者权益保护法

一、消费者的权利及其保护

（一）消费者与消费者权益

我国《消费者权益保护法》没有对消费者明确定义，只是在第二条规定：“消费者为生活消费需要购买、使用商品或接受服务，其权益受法律保护；本法未作规定的，受其他法律、法规保护。”**所谓消费者，就是为了满足个人生活消费的需要而购买、使用商品或者接受服务的，由国家专门法律确认其主体地位和保护其消费权益的个体社会成员。**

与消费者相伴产生的是消费者权益。**所谓消费者权益，是指消费者依法享有的权利以及该权利受到保护时给消费者带来的应得的利益。**消费者权益的核心是消费者的权利，而对消费者权利的实现直接提供法律保障的是《消费者权益保护法》。没有消费者及消费者权益，消费者权益保护法也就失去了其赖以存在的根基。

在会展活动中也涉及会展消费问题，例如，参加会展的人员在会展期间需要购买食品、餐饮、住宿、交通、通讯、纪念品、观光游览等产品和服务。这些行为都适用《消费者权益保护法》。会展业应加强对消费者合法权益的保护，这是关系到我国会展业声誉的大事。

小案例

西安住房博览会上的消费者维权服务

在2003年的西安国际住房博览会上，七家质检机构的专家们亮相展会，接受消费者有关家装材料质量的咨询。在长达十多米的咨询台前，每位专家的面前都排着一行咨询纵队，专家的桌子上立着标牌，标明质检机构名称，大大小小的各种检测仪器设备摆了十多米长，对一些消费者选购的材料进行测试。请质检机构进展会，对所有参展产品进行质量把关，使产品的质量问题得到了有效的解决，很好地维护了消费者的利益，充分地体现了展会的责任意识

（二）消费者权益保护法

1. 消费者权益保护法的概念。**消费者权益保护法是调整国家为保护消费者权益而协调、干预消费活动所产生的各种经济关系的法律规范的总称。消费者权益保护法的调整对象，是国家为保护消费者权益而协调、干预消费者活动过程所发生的各种经济关系。**

对消费者权益保护法可以作狭义和广义两种理解，狭义的仅指《中华人民共和国消费者权益保护法》；广义的消费者权益保护法则包括所有有关保护消费者权益的法律、法规，除《消费者权益保护法》外，还包括《产品质量法》、《反不正当竞争法》、《商标法》、《广告法》等法律法规中有关保护消费者权益的内容。

《消费者权益保护法》规定了它与其他法律、法规的关系，在法律适用中体现为“本法的规定优于其他法律、法规的规定。本法已作规定的，适用本法的规定；本法未作规定的，应当遵守其他有关法律、法规”。

2. 消费者权益保护法的原则。消费者权益保护法的基本原则体现着该法的本质和立法宗旨，决定着该法的统一性和稳定性，并贯穿于消费者权益保护法制建设中立法、执法、司法、守法的各环节。我国消费者权益保护法的基本原则是：

（1）**自愿、平等、公平、诚实、信用原则**。经营者与消费者进行交易时应坚持当事人地位一律平等，在自愿的基础上公平交易，经营者不得滥用雄厚的经济实力进行强制交易，并应遵守诚实信用的基本原则，不得规避法律和合同。

（2）**国家保护消费者合法权益的原则**。由于消费者在消费经济关系上客观所处的弱者地位，需要国家在干预消费活动过程中对消费者给予特别的保护。这不仅体现在消费者权益保护法中对于消费者权利的专门保护上，而且体现在国家应当采取措施以保障消费者依法行使权利、维护消费者的合法权益中。

（3）**社会监督原则**。保护消费者的合法权益是全社会的共同责任。国家鼓励、支持一切组织和个人对损害消费者合法权益的行为进行社会监督。大众传播媒介应当作好维护消费者合法权益的宣传，对损害消费者合法权益的行为进行舆论监督。

（三）消费者的权利

消费者的权利，是消费者在消费领域中所具有的权利，是消费者利益在法律上的体现，即在法律保障下，消费者有权做出一定的行为或者要求他人做出一定的行为。消费者的权利，是国家对消费者进行保护的前提和基础。合理适度的确定消费者的权利，有利于调节消费者和经营者之间的利益。

我国《消费者权益保护法》第二章专门规定了消费者的权利，依据该法的规定，消费者的权利主要包括以下内容：

1. **安全保障权**，是指消费者在购买、使用商品或接受服务时所享有的人身和财产安全不受损害的权利。这是消费者最基本的权利。为保障消费者安全保障权的实现，消费者有权要求经营者提供的商品和服务符合保障人身、财产安全的要求。

在展会中，人身和财物安全是参展商和观众极为关心的问题。参展商和观众在参加展会时，有权享有人身安全、随身携带的物品安全和参展商品安全的权利。因此，举办展览会的单位和政府有关部门必须采取一切行之有效的措施，切实保护参展商的人身和财物的安全。

2. **真情知悉权**，又称获取信息权、了解权、知情权，是指消费者享有知悉其购买、使用的商品或者接受的服务的真实情况的权利。

真情知悉权的实现，关键在于经营者提供的情况要真实。经营者提供真实情况，实际上是对消费者的一种保证。这项权利的行使和落实情况，直接影响着商品出售后，消费者的其他权利的行使。因此，参展人员提供的信息应真实可信，任何失实、以假充真、以次充好、误导观众的会展宣传及广告均构成对观众合法权益的侵犯。

3. **自主选择权**，是指消费者享有的自主选择商品或者服务的权利，该权利包括：消费者有权自主选择商品或者服务的经营者；有权自主选择商品品种或者服务方式；有权自主决定购买或者不购买任何一种商品、接受或者不接受任何一项服务；在自主选择商品或者服务时，有权进行比较、鉴别和挑选。

4. **公平交易权**，是指消费者与经营者进行交易时，双方应本着公平的精神，充分体现各自的真实意愿，使双方的交易目的都能得以有效实现。

参展商有权获得合理价格并有质量保障的会展服务。举办会展的单位必须严格遵守国家有关法律、法规和价格政策，对参展者要支付的各种费用执行价格标准，作到价格合理。

5. **获得赔偿权**，又称赔偿权、索赔权、求偿权，是指消费者因购买、使用商品或者接受服务受到人身、财产损害的，享有依法获得赔偿的权利。不论是购买商品，还是使用商品；不论是购买商品者，还是使用商品的消费者，或者是既没有购买也没有使用商品的第三人，只要经营者的商品对他们造成了财产或人身伤害，均可依据此条获得赔偿。

6. **依法结社权**。消费者的依法结社权是指消费者享有依法成立维护自身合法权益的社会团体的权利。消费者社会团体的作用是组织消费者，形成对商品和服务的广泛监督；促使一些侵害消费者权益的行为得到及时惩罚；充当政府和消

提示：

消费者有权获取的知识包括：有关消费方面的知识和有关消费者权益保护方面的法律、法规、政策等方面的知识。

费者之间的桥梁；指导消费者的消费行为，提高消费者的自我保护意识。

7. **知识获取权**，是从真情知悉权、自主选择权中引伸出来的一种消费者权利，指的是消费者所享有的获取有关消费和消费者权益保护方面的知识的权利。

8. **尊严维护权**，也称受尊重权，是指消费者在购买、使用商品或者接受服务时享有的其姓名、名誉、荣誉、肖像等人格尊严和民族风俗习惯不受经营者非法侵犯的权利。

9. **监督批评权**，是指消费者享有对商品和服务以及保护消费者权益工作进行监督的权利。消费者有权检举、控告侵害消费者权益的行为和国家机关及其工作人员在保护消费者权益工作中的违法失职行为，有权对保护消费者权益工作提出批评、建议。

展览承办单位应当接受参展商的监督，要通过有效途径或方式接受参展商的批评或建议。同时，要把向消费者提供商品和服务的活动置于消费者的有效监督之下。

上述九项消费者权利是消费者权益保护法的主要保护对象。为了保障消费者权利的实现，经营者、国家和社会都要履行相应的义务，否则就要承担相应的法律责任。

（四）消费者合法权益的保护

我国对消费者合法权益的保护主要通过国家和消费者组织两级组织来实施。

1. 国家对消费者合法权益的保护。保护消费者合法权益是国家应尽的职责，由立法机关、行政机关、司法机关共同采取相应措施来实现。

(1) 立法保护。完善的法律、法规、政策体系是国家保护消费者合法权益的基础和依据。国家对消费者合法权益的立法保护表现为：法律规定国家采取立法措施保护消费者的合法权益；国家制定有关消费者权益的法律、法规和政策时，应当听取消费者的意见和要求。

(2) 行政保护。国家行政机关依照法定职权，通过行政执法活动，监督管理商品生产经营者或服务者的活动，保护消费者的合法权益。工商行政管理部门在其职权范围内通过企业登记管理、商标管理、市场管理、广告管理等手段来实现对消费者合法权益的保护。卫生管理机关通过对食品卫生的监督、检验和技术指导等来保证消费者购买的商品或接受的服务健康、卫生、无毒、无害。计量管理机关通过计量监督，禁止、查处商品生产者、经营者破坏计量器具的准确度，使计量器具缺斤短两，坑害消费者的违法行为。物价管理机关主要是制止和查处违反国家物价管理规定，在价格、收费等方面坑害消费者的违法行为。

(3) 司法保护。人民法院作为国家审判机关，对消费者合法权益的保护是通过其审判活动来实现的。对于损害消费者合法权益的行为，受害人均可以向人民法院起诉，请求法律保护。人民法院应当采取措施，方便消费者提起诉讼。

2. 消费者组织对消费者合法权益的保护。消费者组织目前主要是指中国消费者协会和地方各级消费者协会，它们是依法成立的对商品和服务进行社会监督、保护消费者合法权益的社会团体。其职能有：(1) 向消费者提供消费信息和咨询服务；(2) 参与有关行政部门对商品和服务的监督、检查；(3) 向有关行政部门反映、查询有关消费者合法权益的问题，并提出建议；（4）受理消费者投诉，并对投诉事项进行调查、调解；（5）若投诉事项涉及商品或服务的质量问题，可以提请鉴定部门进行鉴定，鉴定部门应当告知鉴定结论；（6）就损害消费者合法权益的行为，支持受损害者提起诉讼；（7）对于损害消费者合法权益的行为，通过大众传播媒介予以揭露、批评。

二、会展经营者的义务

在保护消费者权利方面，经营者、国家、社会均负有相应的义务，其中，经营者义务是最为直接、具体的。经营者泛指以营利为目的从事经营活动的公民、法人和其他经济组织，以及非营利性的单位和组织等。经营者的义务和消费者的权利是相对应的概念，消费者权利的实现在一定程度上依赖于经营者义务的履行。

我国《消费者权益保护法》从保护消费者合法权益出发，规定了经营者的十项义务：（1）履行有关法律、法规规定的义务和与消费者约定的义务；（2）听取消费者对其提供的商品或者服务的意见和接受消费者监督的义务；（3）保证其提供的商品或者服务能保障人身和财产安全的义务；（4）向消费者提供有关商品或服务的真实信息的义务；（5）标明经营者真实名称和标记的义务；（6）出具购货凭证和服务单据的义务；（7）保证商品或服务质量的义务；（8）履行“三包”（包修、包换、包退）或其他责任的义务；（9）不得以格式合同、通知、声明、店堂告示等方式单方做出对消费者不利规定的义务；（10）不得对消费者进行侮辱、诽谤，搜查消费者的身体及其携带的物品，侵犯消费者的人身自由等侵犯消费者人格权的义务。

经营者的上述十项义务是我国《消费者权益保护法》所明确规定的，它们与消费者权利存在着大体上的对应关系。此外，从消费者权益保护的实质意义上讲，经营者的义务还远远不止上述所讲的十项义务，在《反不正当竞争法》、《产品质量法》、《广告法》、《价格法》中都包含许多涉及经营者义务的规范。由此可见，对消费者权利的保护不只是《消费者权益保护法》的任务，也是其他相关法律的任务。

三、违反《消费者权益保护法》的法律责任及争议的解决

（一）侵犯消费者合法权益应承担的法律责任

《消费者权益保护法》以其独特的价值尺度规定了消费者享有九项权利，经营者负有十项义务，使原本强弱悬殊的利益群体之间的权利与义务趋于平衡。当消费者的权益因经营者的原因无法行使或受到损害时，《消费者权益保护法》规定可采取相应措施对违法者予以制裁。《消费者权益保护法》根据侵害消费者合法权益的不同行为，规定经营者应分别或者同时承担民事责任、行政责任和刑事责任。

1. 民事责任。根据《消费者权益保护法》的规定，经营者提供商品或服务有下列情形之一的，另有规定的除外，应当依照《中华人民共和国产品质量法》

和其他有关法律、法规的规定，承担民事责任：(1) 商品存在缺陷的；(2) 不具备商品应当具备的使用性能而出售时未作说明的；(3) 不符合在商品或者其包装上注明采用的商品标准的；(4) 不符合商品说明、实物样品等方式表明的质量状况的；(5) 生产国家明令淘汰的商品或者销售失效、变质的商品的；(6) 销售的商品数量不足的；(7) 服务的内容和费用违反约定的；(8) 对消费者提出的修理、重做、更换、退货、补足商品数量、退还货款和服务费用或者赔偿损失的要求故意拖延或者无理拒绝的；(9) 法律、法规规定的其他损害消费者权益的情形。

经营者损害消费者权益的情形不同，其承担民事责任的方式也有所区别。根据《消费者权益保护法》的规定，主要有以下方式：

第一，经营者提供商品或者服务造成消费者或者其他受害人人身伤害的，应当支付医疗费、治疗期间的护理费、因误工减少的收入等费用，造成残疾的，还应当支付残疾者生活自助费、生活补助费、残疾赔偿金以及由其扶养的人所必需的生活费等费用；造成消费者或者其他受害人死亡的，应当支付丧葬费、死亡赔偿金以及由死者生前扶养的人所必需的生活费等费用。

第二，经营者侵害消费者的人格尊严或者侵犯消费者人身自由的，应当停止侵害，恢复名誉，消除影响，赔礼道歉，并赔偿损失。

第三，经营者提供商品或者服务造成消费者财产损害的，应当按照消费者的要求，以修理、重做、更换、退货、补足商品数量、退还货款和服务费用或者赔偿损失等方式承担民事责任。消费者与经营者另有约定的，按约定履行。

第四，对国家规定或者经营者与消费者约定包修、包换、包退的商品，经营者应当负责修理、更换或者退货。在保修期内两次修理仍不能正常使用的，经营者应当负责更换或者退货。对包修、包换、包退的大件商品，消费者要求经营者修理、更换、退货的，经营者应当承担运输费等合理费用。

第五，经营者以邮购方式提供商品的，应当按照约定提供。未按照约定提供的，应当按照消费者的要求履行约定或者退回货款；并应当承担消费者必须支付的合理费用。

第六，经营者提供商品或者服务有欺诈行为的，应当按照消费者的要求增加赔偿其受到的损失，增加赔偿的金额为消费者购买商品的价款或者接受服务的费用的一倍。

2. 行政责任。根据《消费者权益保护法》的规定，经营者有下列情形之一的，《中华人民共和国产品质量法》和其他有关法律、法规对处罚机关和处罚方式有规定的，依照法律、法规的规定执行；法律、法规未作规定的，由工商行政管理部门责令改正，可以根据情节单处或者并处警告、没收违法所得、处以违法所得1倍以上5倍以下的罚款，没有违反所得的，处以人民币1万元以下的罚款；情节严重的，责令停业整顿，吊销营业执照：(1) 生产、销售的商品不符合保障人身、财产安全要求的；(2) 在商品中掺杂、掺假，以假充真，以次充好，或者以不合格商品冒充合格商品的；(3) 生产国家明令淘汰的商品或者销售失效、变质的商品的；(4) 伪造商品的产地，伪造或者冒用他人的厂名、厂址，伪造或者冒用认证标志、名优标志等质量标志的；(5) 销售的商品应当检验、检疫而未检验、检疫或者伪造检验、检疫结果的；(6) 对商品或者服务作引人误解的虚假宣传的；(7) 对消费者提出的修理、重做、更换、退货、补足商品数量、退还货款和服务费用或者赔偿损失的要求，故意拖延或者无理拒绝的；(8) 侵害消费者人格尊严或者侵犯消费者人身自由的；(9) 法律、法规规定的对损害消费者权益应当予以处罚的其他情形。

经营者对行政处罚不服的，可以自收到处罚决定之日起 15 日内向上一级机关申请复议；对复议决定不服的，可以自收到复议决定书之日起 15 日内向人民法院提起诉讼；也可以直接向人民法院提起诉讼。

3. 刑事责任。根据《消费者权益保护法》的有关规定，追究刑事责任的情况主要有以下几种：

第一，经营者提供商品或者服务，造成消费者或者其他受害人人身伤害，构成犯罪的，依法追究刑事责任。

第二，以暴力、威胁等方法阻碍有关行政部门工作人员依法执行职务的，依法追究刑事责任；拒绝、阻碍有关行政部门工作人员依法执行职务，未使用暴力、威胁方法的，由公安机关依照《中华人民共和国治安管理处罚条例》的规定处罚。

第三，国家机关工作人员玩忽职守或者包庇经营者侵害消费者合法权益的行为，由其所在单位或者上级机关给予行政处分；情节严重、构成犯罪的，依法追究刑事责任。

(二) 争议的解决

1. 消费者权益争议的解决途径。根据我国《消费者权益保护法》的规定，消费者与经营者发生消费者权益争议的，可以通过下列途径解决：与经营者协商和解；请求消费者协会调解；向有关行政部门申诉；根据与经营者达成的仲裁协议提请仲裁机构仲裁；向人民法院提起诉讼。

2. 损害消费者权益的赔偿责任的承担主体。为了确保消费者在合法权益受到损害时都能获得相应的法律救济，《消费者权益保护法》规定了在一些特殊情况下的赔偿主体及其责任。

(1) 销售者、服务者先行赔偿。消费者在购买、使用商品时，其合法权益受到损害的，可以向销售者要求赔偿。销售者赔偿后，属于生产者的责任或者向销售者提供商品的其他销售者的责任的，销售者有权向生产者或者其他销售者追偿。

消费者或者其他受害人因商品缺陷造成人身、财产损害的，可以向销售者要求赔偿，也可以向生产者要求赔偿。属于生产者责任的，销售者赔偿后，有权向生产者追偿。属于销售者责任的，生产者赔偿后，有权向销售者追偿。

消费者在接受服务时，其合法权益受到损害的，可以向服务者要求赔偿。

(2) 经营者分立或者合并后，由变更后的企业承担赔偿。企业变更是市场活动中常见的现象。为防止经营者利用企业变更之机逃避对消费者应承担的损害赔偿责任，《消费者权益保护法》规定，消费者在购买、使用商品或者接受服务时，其合法权益受到损害，因原企业分立、合并的，可以向变更后承受其权利义务的企业要求赔偿。

(3) 违法持照经营的，由营业执照的使用人或持有人承担赔偿。出租、出借营业执照或租用、借用他人营业执照是违反工商行政管理法规的行为。《消费者权益保护法》规定，使用他人营业执照的违法经营者提供商品或者服务，损害消费者合法权益的，消费者可以向其要求赔偿，也可以向营业执照的持有人要求赔偿。

(4) 展销会购物或接受服务的赔偿。通过展销会、出租柜台销售商品或者提供服务，不同于一般的店铺营销方式。为了在展销会结束后或出租柜台期满后消费者能够获得赔偿，《消费者权益保护法》规定，消费者在展销会、租赁柜台购买商品或者接受服务，其合法权益受到损害的，可以向销售者或者服务者要求赔偿。展销会结束或者柜台租赁期满后，也可以向展销会的举办者、柜台的出租者要求赔偿。展销会的举办者、柜台的出租者赔偿后，有权向销售者或者服务者追偿。

(5) 虚假广告造成损害的，由从事虚假广告行为的经营者和广告的经营者承担赔偿。《消费者权益保护法》规定，消费者因经营者利用虚假广告提供商品或者服务，其合法权益受到损害的，可以向经营者要求赔偿。广告的经营者发布虚假广告的，消费者可以请求行政主管部门予以惩处。广告的经营者不能提供经营者的真实名称、地址的，应当承担赔偿责任。

小案例

2004 年 5 月，宏达电器公司租赁北方商厦的柜台举办系列电冰箱展销。展销期间九折优惠。5 月 16 日，市民韩某来到北方商厦选购了宏达电器公司展销的电冰箱 1 台，价值 1 800元。该电器公司给韩某开具了购货发票、保修卡，一年内免费保修。7 月 10 日，韩某发现制冷机出现故障，达不到正常制冷效果。韩某便到北方商厦找宏达电器公司要求维修，却人去屋空，见不到宏达电器公司的踪影。韩某找北方商厦协商，商厦方称他们只是出租柜台，并不直接销售，维修应去找宏达电器公司。

想一想：韩某有权要求北方商厦负责维修乃至赔偿吗？为什么？

模块二 反不正当竞争法

一、不正当竞争行为与反不正当竞争法

竞争是市场经济的普遍现象，有市场就会有竞争。但是，竞争也有两重性。一方面，它促进了经济的发展；另一方面，又使不适应竞争者所付出的劳动归于无效，造成社会财富的浪费。竞争者为使自己的劳动在市场上实现交换，有可能采取各种方法和手段，进行正当的和不正当的竞争。

（一）不正当竞争行为

1. 不正当竞争行为的概念。**不正当竞争行为，是指经营者在经营活动中违背自愿、平等、公平、诚实信用原则和公认的商业道德，损害其他经营者的合法权益，扰乱社会经济秩序的行为。**这也是判断认定各种不正当竞争行为的直接的法律依据。

2. 不正当竞争行为的构成要件。

（1）主观要件。违法行为人明知自己的行为与诚实信用的商业道德相悖，但是，为了最大限度地追求利润而滥用自身的经济优势或采取违法手段，破坏公平竞争的原则，来排挤竞争对手，提高自己的市场份额。其主观目的性很强。

（2）客观要件。违法行为人具有违反法律、法规所禁止的行为。

（3）违法行为与损害结果之间存在因果关系。不正当竞争所侵害的是其他经营者的合法权益和正常的社会经济秩序。

以上三个要件缺一不可。

3. 不正当竞争行为的危害。

（1）侵犯竞争者和消费者的权利。不正当竞争行为的直接受害主体是与之相关的经营者和消费者。以欺骗性标识行为例，它的仿冒行为直接侵犯被仿冒商业标识的权利人的工业产权和消费者的知情权，使消费者在无法辨别或错误辨别的情况下造成直接经济损失。

（2）损害市场机制，破坏市场秩序。价格在市场上具有信号作用，是社会供求关系的晴雨表，并指导市场来配置资源。但当市场上不正当竞争行为普遍存在、情况严重时，价格信号就不能发挥其应有的功能，市场机制也就会被扭曲。例如，当虚假陈述、商业贿赂、不当有奖销售促销盛行时，价格就会虚高，价格信号就不能正确反映市场供求关系。

（3）危害信用和社会公德。不正当竞争行为大都表现为以次充好、以假充真，违背了诚实、信用、公平、合理等商业道德。不正当竞争行为的存在乃至盛行，不仅会侵犯经营者、消费者的权益，破坏市场机制和秩序，还会败坏社会风气、破坏社会的精神文明。世界各国都通过立法的手段来打击惩罚不正当竞争行为，也是为了维护人类社会赖以维系的基本信用和公共道德。

（二）反不正当竞争法

1. 反不正当竞争法的概念。**反不正当竞争法是调整在市场交易活动中各经营主体的竞争关系的法律规范的总称。**《中华人民共和国反不正当竞争法》是我国确立市场规则，保障我国社会主义市场经济健康发展，鼓励和保护公平竞争，制止不正当竞争行为，保护经营者和消费者的合法权益的一部重要立法。虽然这部法律对市场竞争行为作出的是一般性规定，同样适用于会展市场竞争。

2. 反不正当竞争法的调整对象。**反不正当竞争法的调整对象是国家在鼓励、保护公平竞争，制止不正当竞争过程中发生的经济关系。**具体表现为：经营者之间因不正当竞争而发生的经济关系；经营者与其他单位和个人因不正当竞争而发生的经济关系；经营者与不正当竞争监督机关，以及政府、政府所属部门之间在监督检查不正当竞争行为过程中发生的经济关系。

3. 反不正当竞争法的基本原则。我国《反不正当竞争法》规定："经营者在市场交易中，应当遵循自愿、平等、公平、诚实信用的原则，遵守公认的商业道德。"这既是经营者在市场交易中应当遵守的原则，又是我国制定竞争法规、处理竞争纠纷应坚持的原则。

(1) **自愿原则**，是指参与市场交易的经营者能独立地表达自己的真实意愿，不受任何组织和个人的强迫、限制和干涉。其具体表现为：①经营者是否参与交易活动，经营者有决定权；②经营者与哪个交易对手进行交易以及以什么条件进行交易，经营者有选择权。

(2) **平等原则**，是指经营者之间法律地位平等，任何一方不得将自己的意志强加给另外一方。双方享有平等的法律权利，也平等地履行法律义务。

(3) **公平原则**，是指经营者在进行市场交易时要遵守共同的交易规则，按照同一的交易条件进行交易。在公平原则之下，所有的经营者有均等的机会，反对市场中的任何特权行为。

(4) **诚实信用原则**，是指经营者在交易过程中应当诚实、守信用，不得进行任何欺诈活动。经营者对交易商品的真实情况应当如实地告知对方；与对方确定了交易关系后，应当信守诺言。

(5) **遵守公认商业道德原则**。公认的商业道德是指历经市场经济数百年发展历程沉淀的，并升华为不同文化、不同民族共同确认的商业活动的道德规则。因此，它是国际的、公认的和通用的，经常是以商业活动惯例的形式表现出来。

二、会展中的不正当竞争行为

不正当竞争关系在展会这样一个看似很小的空间内也同样存在着。

小案例

2002年，上海市第二中级人民法院受理了一起原告诉被告在展销会上用比较广告贬低自己的产品引起的不正当竞争案。原告广州某公司诉称，其于1999年9月投入近千万元资金开发了"数字网络语言教学实验室"，并向国家知识产权局专利局申请了技术发明专利。2000年10月，该产品全面投放市场，是国内第一家推出数字化语音实验室产品的生产厂。2001年11月14日至16日，在上海光大会展中心举办的"2001年中国国际教育技术装备展览会暨秋季全国高教展示订货会"上，哈尔滨某公司大量散发由北京某公司(两家同为一个法定代表人)编写的宣传材料，资料中称其产品是"目前语言学习领域唯一能实现数字化的网络产品"，并攻击原告的产品为"类数字语言学习系统"，并列表49项内容对所谓的"类数字语言学习系统"进行贬低，其中，还特别引用了原告的产品结构图，称其为"类数字网络语言教学系统的产品结构图"。会后，被告还继续向有关单位散发有关宣传材料，并在其公司的网站上长期发布相同的信息。原告认为，被告采取不正当的竞争方式诋毁原告的形象和产品信誉，因此请求法院判令北京公司和哈尔滨公司共同赔偿600万元。

类似的纠纷不但在参展商之间存在，在展会组织者之间也大量发生着。对这类不正当竞争行为如果不加以制止，会展行业健康有序的竞争关系就无法建立起来，中国的品牌展会也将难以打造。因此，必须依法规范会展业的竞争行为。《反不正当竞争法》中列举了11种不正当竞争行为，这是判断经营者在市场交易的行为是否属于不正当竞争行为的法律依据。它们是：

（一）假冒、混淆和误导行为

假冒、混淆和误导行为是指经营者假冒或擅自使用其他经营者和商品的名称、商标、质量标志和产地标志等，以使人混淆和误解的行为。具体包括：

1. 假冒他人的注册商标。**商标是商品生产者或经营者将自己的商品和服务与他人的同类商品和服务相区别的特殊标志。经工商局核准注册并刊登在商标公告上的商标称为注册商标。**商标注册人对已经注册的商标享有受法律保护的专用权，未经其许可，任何人都不得在同一种商品、同一种服务或者类似商品、类似服务上使用与其注册商标相同或相近似的商标。假冒他人注册商标是一种典型的违背诚实信用商业道德、扰乱竞争市场、危害社会经济秩序的不正当竞争行为。

2. 擅自使用知名商品特有的名称、包装、装潢，或者使用与知名商品近似的名称、包装、装潢，造成和他人的知名商品相混淆，使购买者误认为是该知名商品。**知名商品是指在市场上有一定知名度，为公众所知悉的商品。**仿冒知名商品的名称、包装和装潢的构成要件是：被仿冒的商品是知名商品；该外观标志须为知名商品所特有的；对知名商品特有的外观标志擅自进行相同或相似的使用，致使与他人知名商品发生混淆。

3. 擅自使用他人的企业名称或者姓名，使人误认为是他人的商品。企业名称或姓名是显示经营者或服务活动的外在特征，体现了商业信誉和商品声誉。他人擅自使用，必然会损害该企业或者经营者的信誉和利益。

4. 在商品上伪造或者冒用认证标志、名优标志等质量标志，伪造产地，对商品质量作引人误解的虚假表示。产品质量认证标志、名优标志商品、产品产地等本身表明一定的商品质量。尤其是产品质量认证标志、名优标志等质量标志，是不同机构以不同方式对企业产品质量的确认，因而在商场上具有相当的信誉。在商品上伪造或者假冒认证标志、名优标志，必然破坏市场秩序，并损害合法经营者的利益。

假冒行为在展会上时有发生。事实上，我国企业参加的一些展览会已经成为外国企业搜集我国企业侵犯其知识产权证据的地方。

（二）商业贿赂行为

商业贿赂行为是指在商业交易活动中，经营者为了获得交易机会，特别是获得相对于竞争对手的优势，通过不正当手段向交易相对人的雇员、负责人、代理人或者其他对该交易作出决定或有影响的人提供报酬或者其他好处的行为。商业贿赂常以“回扣”、“好处费”、“佣金”、“辛苦费”、“提成费”、“酬劳费”等名义出现。商业贿赂既助长了社会上的不正之风，又严重妨害了市场公平竞争。

（三）引人误解的虚假宣传行为

引人误解的虚假宣传行为，是指在商业活动中，经营者利用广告或者其他方法，对商品的质量、制作成分、性能、用途、生产者、有效期限、产地等作引人误解的不实宣传。这是不正当经营者为占领市场而采用的欺诈手段，既损害消费者的合法权益，也使正当经营者的经营活动和市场秩序受到损害。

(四) 侵犯商业秘密的行为

商业秘密，是指不为公众所知悉，能为权利人带来经济利益，具有实用性，经权利人采取保密措施予以保护技术信息和经营信息。它具有以下特征：不为公众所知悉；能为权利人带来经济利益；具有实用性；权利人采取了保密措施。侵犯商业秘密行为，是指经营者通过不正当手段，违法获取、披露、使用或者允许他人使用权利人的商业秘密的行为。侵犯商业秘密的不正当竞争行为有以下四种：(1) 以盗窃、利诱、胁迫或者其他不正当手段获取权利人的商业秘密；(2) 披露、使用或者允许他人使用以前项手段获取的权利人的商业秘密；(3) 违反约定或者违反权利人有关保守商业秘密的要求，披露、使用或者允许他人使用其所掌握的商业秘密；(4) 第三人在明知或应知前三项侵犯商业秘密的行为是违法行为的情况下，仍然从侵犯商业秘密的行为人那里获取、使用或者披露他人商业秘密的，也视为侵犯商业秘密。

(五) 倾销排挤行为

倾销排挤行为，是指经营者为了排挤竞争对手而以低于成本的价格销售商品的行为。倾销应具备以下三个条件：(1) 经营者实行倾销的目的是为了排挤竞争对手；(2) 经营者以低于成本的价格销售；(3) 倾销必须持续一段时间。

《反不正当竞争法》还规定，如果因特殊原因而以低于成本的价格销售商品，则不构成低价倾销行为。这四种特殊原因是：(1) 销售鲜活商品；(2) 处理即将到期的商品或者其他积压的商品；(3) 季节性降价；(4) 因清偿债务、转产、歇业降价销售商品。

(六) 搭售或附加不合理交易条件行为

搭售和附加不合理交易条件，是指经营者利用其经济优势，违背交易相对人的意愿，在交易中搭售其他商品或者附加不合理交易条件的行为。其特征是：违背自愿原则，经营者违背交易相对人的意愿；违背公平原则；该行为具有依仗经济优势限制竞争的性质。搭售或附加不合理交易条件严重侵犯了用户和消费者的选择权，并且为推销质次价高产品甚至假冒产品提供了方便。

(七) 不正当有奖销售行为

有奖销售行为，是经营者的一种促销手段，是经营者以提供物品、金钱或其他条件作为奖励，刺激消费者购买商品或服务的行为。但有奖销售不得有碍于公正而自由的竞争，其方法必须是正当的、诚实的，否则即构成不正当有奖销售的行为。不正当有奖销售行为的构成要件是：经营者实行了法律禁止的有奖销售行为；行为人的目的在于获取经济利益；行为人的行为后果损害了消费者和同行业竞争对手，或者存在这种损害的潜在可能。

(八) 诋毁商誉行为

诋毁商誉行为是指经营者通过捏造、散布虚假事实等不正当手段，损害竞争对手的商业信誉和商品声誉，削弱对手竞争能力的行为。商业信誉和商品信誉是经营者的无形资本，它直接关系到经营者在市场中的形象和竞争能力。诋毁他人商誉不但损害了竞争对手的合法权益，而且扰乱了市场经济的正常秩序。这种手段违背了公认的商业道德和市场竞争规则，是违法的，也是应当禁止的。

（九）串通投标行为

串通投标行为是指投标者之间串通投标，抬高或压低标价，以及投标者为排挤竞争对手而与招标者相互勾结的行为。串通投标行为是以不正当手段来限制自由、公平竞争的行为，包括两大类：(1) 投标者之间的串通投标行为，其目的是采取联合行动以限制竞争，在投标者之间协议或共谋的基础上，无论是抬高标价或压低标价，都会损害招标者的利益；(2) 投标者与招标者的串通行为，其目的是排挤作为竞争对手的其他投标者，所造成的后果则是招投标流于形式，损害其他投标者的利益。

（十）滥用行政权力限制竞争行为

滥用行政权力限制竞争行为，是指政府及其所属部门滥用行政权力，限定他人购买其指定的经营者的商品，限制其他经营者正当的经营活动，或者限制经营者跨地区、跨部门的交易，干扰、阻碍正常的交易活动。目前，我国一些大型品牌展览会还是由政府主办的。但政府主办展览会肯定不是展览业发展的方向。会展市场的主体应当是企业，政府办展限制了平等竞争的市场主体的发展，限制了非国有企业、民营企业的成长，客观上造成了市场的不规范，形成了行业的不公平竞争。

（十一）强制性交易行为

强制性交易行为，是指公用企业或者其他依法具有独占地位的经营者，限定他人购买其指定的经营者的商品，排斥其他经营者的行为。《反不正当竞争法》规定，公用企业或者其他依法具有独占地位的经营者，不得限定他人购买其指定的经营者的商品，以排挤其他经营者的公平竞争。对于供电、供水、供暖、煤气等公用企业实行国家控制、形成垄断及独占地位是必要的，但如果滥用这种垄断地位，就属于强制性交易行为了。强制性交易行为的特征是：(1) 公用企业是实施该行为的特定主体，该行为主体具有独占性；(2) 其他处于公平交易地位的经营者的商品是公用企业强制性交易行为的客体；(3) 公用企业的行为带有强制性，使被强制者不得不服从；(4) 公用企业实施这种交易行为的目的是从被指定的经营者处获得非法利益。

> **提示：**
> 文中列示的十一种不正当竞争行为仅是各国反不正当竞争法中普遍予以禁止的、典型的不正当竞争行为和我国现实生活中表现突出、危害严重、迫切需要制止的不正当竞争行为。

三、违反《反不正当竞争法》的法律责任

我国反不正当竞争行为的法律责任分为民事责任、行政责任和刑事责任三种，可以单处，也可以并处。

（一）经营者的法律责任

民事责任：经营者违反《反不正当竞争法》的规定，给被侵害的经营者造成损害的，应当承担损害赔偿责任，被侵害的经营者的损失难以计算的，赔偿额为侵权人在侵权期间因侵权所获得的利润；并应当承担被侵害的经营者因调查该经营者侵害其合法权益的不正当竞争行为所支付的合理费用。

行政责任：《反不正当竞争法》规定的行政责任形式主要包括：(1) 责令停止违法行为，消除影响；(2) 没收违法所得；(3) 罚款；(4) 吊销营业执照；

（5）责令改正；（6）给予行政处分。各级工商行政管理部门是《反不正当竞争法》规定的监督检查部门，具有行政执法职能。

刑事责任：我国《反不正当竞争法》规定，对商标侵权行为、销售伪劣商品的行为、商业贿赂行为可以追究刑事责任。

提示：

根据《产品质量法》的规定，伪造或者冒用认证标志等质量标志的，责令改正，没收违法生产、销售的产品，并处违法生产、销售产品货值金额等值以下的罚款；有违法所得的，并处没收违法所得；情节严重的，吊销营业执照。

1. 假冒行为的法律责任。经营者假冒他人的注册商标，依照《中华人民共和国商标法》的规定处罚。工商行政管理部门处理时，认定侵权行为成立的，责令其立即停止侵权行为，没收、销毁侵权商品和专门用于制造侵权商品、伪造注册商标标识的工具，并可处以罚款。对侵犯注册商标专用权的行为，工商行政管理部门有权依法查处；涉嫌犯罪的，应当及时移送司法机关依法处理。对伪造、擅自制造他人注册商标标识或者销售伪造、擅自制造的注册商标标识，构成犯罪的，除赔偿被侵权人的损失外，依法追究刑事责任。

擅自使用知名商品特有的名称、包装、装潢，或者使用与知名商品近似的名称、包装、装潢，造成和他人的知名商品相混淆，使购买者误认为是该知名商品的，监督检查部门应当责令其停止违法行为，没收违法所得，可以根据情节处以违法所得1倍以上3倍以下的罚款；情节严重的，可以吊销营业执照；销售伪劣商品，构成犯罪的，依法追究刑事责任。

2. 商业贿赂的法律责任。经营者采用财物或其他手段进行贿赂以销售或购买商品，构成犯罪的，依法追究刑事责任；不构成犯罪的，监督检查部门可以根据情节处以1万元以上20万元以下的罚款，有违法所得的，予以没收。

3. 滥用独占优势的法律责任。公用企业或者其他依法具有独立地位的经营者，限定他人购买其指定的经营者的商品，以排挤其他经营者的公平竞争的，省级或设区的市的监督检查部门应当责令停止违法行为，可以根据情节处以5万元以上20万元以下的罚款。被指定的经营者借此销售质次价高商品或者滥收费用的，监督检查部门应当没收违法所得，可以根据情节轻重处以违法所得1倍以上3倍以下的罚款。

4. 虚假宣传的法律责任。经营者利用广告或者其他方法，对商品作引人误解的虚假宣传的，监督检查部门应当责令停止违法活动，消除影响，可以根据情节轻重处以人民币1万元以上20万元以下的罚款。广告经营者不得在明知或者应知的情况下，代理、设计、制作、发布虚假广告。如果广告经营者有上述行为，监督检查部门应当责令停止违法行为，没收违法所得，并依法处以罚款。

5. 侵犯商业秘密的法律责任。对侵犯商业秘密的行为，除了应当向受损方承担相应的民事赔偿责任外，监督检查部门应当责令其停止违法行为，可以根据情节轻重处以人民币1万元以上20万元以下的罚款。

6. 违法有奖销售的法律责任。经营者实施不正当有奖销售行为的，监督检查部门应当责令停止违法行为，可以根据情节轻重处以人民币1万元以上10万元以下的罚款。

7. 串通投标招标的法律责任。投标者串通投标，抬高标价或者压低标价；投标者和招标者相互勾结，以排挤竞争对手的公平竞争的，其中标无效。监督检查部门可以根据情节轻重处以人民币1万元以上20万元以下的罚款。

8. 抗拒检查的法律责任。经营者有违反被责令暂停销售，转移、隐匿、销毁与不正当竞争行为有关的财物的行为的，监督检查部门可根据情节轻重处以被销售、转移、隐匿、销毁财物的价款的1倍以上3倍以下的罚款。

（二）政府部门及国家工作人员的法律责任

政府及其所属部门限定他人购买其指定的经营者的商品，限制其他经营者正当的经营活动，或者限制商品在地区之间正常流通的，由上级机关责令其改正；情节严重的，由同级或者上级机关对直接责任人员给予行政处分。被指定的经营者借此销售质次价高商品或者滥收费用的，监督检查部门应当没收违法所得，可以根据情节轻重处以违法所得1倍以上3倍以下的罚款。

监督检查不正当竞争行为的国家工作人员滥用职权，玩忽职守，构成犯罪的；或者徇私舞弊，对明知有违反《反不正当竞争法》规定构成犯罪的经营者故意包庇不使其受追诉的，依法追究刑事责任。玩忽职守，不构成犯罪的，给予行政处分。

当事人不服监督检查部门作出的处罚决定的，可以自收到处罚决定之日起15日内向上一级主管机关申请复议；对复议决定不服的，可以在收到复议决定书之日起15日内向人民法院起诉；当事人也可以不申请复议，直接向人民法院起诉。

模块三 知识产权法

一、知识产权及知识产权保护法

（一）知识产权

1. 知识产权的概念和内容。**知识产权是人们对于自己的智力活动创造的成果和经营管理活动中的标记、信誉依法享有的权利**。目前，国际社会一般认为知识产权包括两部分，一部分是著作权（或称版权）及其邻接权；另一部分是国际上通称的工业产权，主要是专利权和商标权。

2. 知识产权的特征。知识产权是一种新型的民事权利，是基于智力成果而产生的权利，与有形财产权相比较，知识产权具有以下特征：

（1）**无形性**。知识产权是基于智力成果形成的一种权利，正是这种“无形性”，即“非物质性”，使得知识产权贸易中的标的物往往是这一无形财产权中的使用权。

（2）**专有性**。也称排他性或独占性，知识产权为权利人所独占，权利人垄断这种专有权利并受到法律的严格保护，没有法律规定或未经权利人许可，任何人不得占有、使用权利人的知识产品。知识产权专有人有权允许非专有人使用其知识产品，但也有权制止非专有人对其知识产品进行不法仿制、假冒或剽窃。

（3）**地域性**。知识产权在一定地域内有效。一国法律确认的知识产权，只在该国领域内有效，受到该国的法律保护。一国对外国的知识产权是否给予保护，以本国的法律为准。除签有国际公约和双边互惠协定的以外，知识产权没有域外效力，其他国家对这种权利没有保护义务。在参加国际公约的情况下，知识产权在公约规定的范围内有效。

(4) **时间性**。知识产权仅在法律规定的期限内受到保护，一旦超过法律规定的有效期限，这一权利就自行消灭，相关知识产品即成为整个社会的共同财富，任何人都可使用。

(5) **法定性**。知识产权的法定性主要体现在以下几个方面：法定取得、法定种类、法定内容和法定限制等。知识产权具有法定性的原因是因为知识产权具有无形性和专有排他性，通常要涉及第三人的利益，影响社会秩序。

知识产权的上述各项特征是具有相对意义的概括和描述，并不意味着各类知识产权都具备以上全部特征，如商业秘密权就不受时间性限制，产地标记权也不具有严格的独占性。从本质上说，只有客体的无形性才是知识产权所属权利的共同法律特征。

(二) 知识产权法

1. 知识产权法的概念。**知识产权法是指调整因创造、使用智力成果而产生的，以及在确认、保护和行使智力成果所有人的知识产权的过程中所发生的各种社会关系的法律规范的总称。**

2. 我国知识产权保护的相关法律法规。

我国知识产权制度立法起步较晚，但发展速度令人瞩目，先后制定、颁布了《商标法》、《专利法》、《著作权法》、《计算机软件保护条例》，同时颁布了《专利法实施细则》、《商标法实施条例》、《著作权法实施条例》等一系列配套法规，构成了较为完备的知识产权法律体系。

同时，我国已经加入的知识产权保护方面的国际公约有《世界知识产权组织公约》(1980 年加入)、《保护工业产权巴黎公约》(1985 年)、《商标国际注册马德里协定》(1989 年)、《关于集成电路知识产权条约》(1990 年)、《保护文学艺术作品伯尔尼公约》(1992 年)、《世界版权公约》(1992 年)、《保护唱片制作者防止唱片被擅自复制日内瓦公约》(1993 年)、《专利合作条约》(1994 年)、《世界知识产权组织版权条约》(1996 年) 等等。

二、我国展会知识产权保护现状

随着我国会展业的发展和会展经济的繁荣，越来越多的企业通过参加会展活动来发布自己的产品，提高知名度，争取客户和订单。当这么多的企业在展览主办方的安排下走上同一个舞台同场竞技时，会展中的知识产权纠纷也愈演愈烈。

由于我国有关知识产权保护工作起步较晚、基础较弱，又由于部分企业受利益驱动、执法部门监管不严等原因，知识产权侵权、假冒和盗用的现象时有发生，尤其在我国各类展览会中，涉及知识产权的问题十分突出。如 2004 年秋季广交会开幕的头两天大会投诉站就收到知识产权投诉 44 宗，涉及企业 198 家，其中认定侵权的 10 宗，涉及企业 41 家。同时，在这期广交会期间，因涉嫌侵犯知识产权、倒卖摊位，百余件展品和十余家企业被逐出广交会。知识产权侵权、假冒和盗用行为不仅给知识产权所有者和广大消费者造成损害，而且扰乱了会展行业的正常秩序。如何保护知识产权已经成为展会主办者以及参展商必须面对和研究的一个课题。

展会的知识产权侵权既包括参加国内展会的侵权，也包括出国参展中的侵权；既包括侵犯他人的知识产权，也包括自身知识产权被他人侵犯；既包括展会侵权，又包括展品侵权等。概括起来，主要有商标侵权、专利侵权和软件侵权三大类型。

1. 商标侵权。一方面表现为冒用较有名气的主办方名义或知名展会的名称招展，如2004年曾有一家公司冒用了中国对外经济贸易广告协会的名义举办了广告展。另一方面表现为展品侵犯他人的商标权。有些参展企业未经权利人许可，展出带有他人注册商标的样品或使用他人注册商标对外报价、成交，将客户提供的不能确定商标归属的样品及非展品在展台上摆放或用作宣传等。

2. 专利侵权。近年来，在国内外的展会上都存在展品侵权、损害他人产品专利的行为。不是把别人已申请专利的产品改头换面弄出产品拿来展示，就是剽窃抄袭他人成果。出国展经常是发生知识产权纠纷的高发地。有些国内的企业不仅抄袭别人的创意和产品，甚至专门派人拍摄别人的产品回来制作模具。

3. 软件侵权。在国内的展览会上，使用盗版软件的现象屡见不鲜，表现为在现场以演示为目的的电脑使用盗版软件和展品本身使用盗版软件以及销售盗版光盘等。

由于会展持续的时间较短，我国的行政处理和行政查处程序一般很难直接有效地处理会展期间出现的以上知识产权纠纷。但是，会展业作为当前我国经济的一个重要增长点，如果不能妥善处理期间产生的各种知识产权纠纷，建立和完善会展知识产权保护规则，规范会展知识产权行为，营造良好的知识产权保护环境，将会严重影响该行业的健康发展。

三、展会期间专利权的保护

（一）专利权

1. 专利权的概念。**专利权是指由国家专利机关授予发明人、设计人或其所在单位在一定期限内对某项发明创造享有的专有权或独占权。**

2. 专利权的客体，即《专利法》保护的对象，是依法取得专利权利的发明创造。专利权中的发明创造是指发明、实用新型和外观设计，因此专利可以分为发明专利、实用新型专利和外观设计专利三类。其中前两类为技术类专利，后一类为装饰类专利。

（1）**发明，**是指对产品、方法或其改进所提出的新的技术方案。发明可分为产品发明和方法发明、全新发明和改进发明、基本发明和从属发明。

（2）**实用新型，**是指对产品的形状、构造或其组合所提出的适于实用的新的技术方案。从实质上说它也是一种发明，只是技术要求比发明低，研究方法简单些，而且实用新型只针对有形的实物而言，不包括制造方法和无形的物体。

（3）**外观设计**，是指对产品的形状、图案、色彩或者它们的结合所作出的富有美感的并适用于工业应用的新设计。

以上发明、实用新型和外观设计是我国法律明确规定加以保护的专利权客体，但并非所有的发明创造都可以被授予专利权。我国《专利法》规定，下列各项不授予专利权：①科学发现；②智力活动的规则和方法；③疾病的诊断和治疗方法；④动物和植物品种；⑤用原子核变换方法获得的物质。其中第④项，动物和植物品种的生产方法可以依照《专利法》规定授予专利权。另外，对违反国家法律、社会公德或者妨害公共利益的发明创造不授予专利权。

3. 专利权的主体，即**专利权人，是指可以申请并取得专利权的单位和个人。**享有专利权的单位和个人统称为专利权人，具体包括：（1）发明人、申请人及其合法受让人均有权获得非职务发明创造的专利权；（2）共同发明人和共同设计人对同一项发明创造共同享有专利权；（3）发明人所在单位有权获得职务发明创造的专利权；（4）外国人也可依法在我国申请和获得专利权。

4. 专利权人的主要权利和义务。

（1）根据《专利法》和有关规定，专利权人享有以下权利：①**实施权。**专利权人在专利有效期限内享有为生产经营目的专有制造、使用和销售其专利产品或专有使用其专利方法的权利。②**转让权。**专利权人享有将自己的专利所有权依法转让给他人的权利。专利转让合同必须依法批准或登记。③**许可权。**专利权人享有许可他人实施其专利，并收取专利使用费的权利。根据专利实施许可内容的不同，专利实施许可分为普通许可、排他许可、独占许可、交叉许可和分售许可等。专利实施许可合同也必须依法履行批准或登记的手续。④**标记权。**专利权人有权在其专利产品或该产品的包装上标明专利标记和专利号；发明人或设计人有在专利文件中写明自己是发明人或者设计人的权利。⑤**阻止权。**除《专利法》另有规定外，任何单位或者个人未经专利权人许可，都不得以营利为目的制造、使用、许诺销售、销售、进口其专利产品或者使用该专利方法直接获得的产品。

（2）专利权人的义务包括：①缴纳专利年费的义务。专利权人自被授予专利权的当年开始，在专利权有效期限内应逐年向专利局缴纳年费。如果专利权人不按期缴纳年费，将导致专利权在保护期限届满前终止。②合法使用专利权的义务。专利权人必须在法律规定范围内正确行使专利权，不得利用专利权损害社会公共利益或他人合法权益。③接受强制许可的义务。我国《专利法》规定，专利权人有义务按照国家计划，接受指定单位实施其专利。但该项义务的规定不适用于中国境内的中外合资企业、合作企业、外资企业拥有的专利和外国人拥有的专利。④对发明创造人给予奖励的义务。这是指职务发明创造专利的所有人或持有人有义务给予发明人或设计人以精神和物质奖励，在专利技术实施后应依法给予法定报酬。

（二）专利权的取得、期限、终止和无效

1. 取得专利权的条件。授予发明和使用新型专利权的条件是必须要同时具备新颖性、创造性和实用性。

（1）**新颖性**，是指申请专利的发明或实用新型不属于现有技术，即在申请日以前没有同样的发明或者实用新型在国内外出版物上公开发表过、在国内公开使用过或者以其他方式为公众所知，也没有同样的发明或者实用新型由他人向国务院专利行政部门提出过申请并且记载在申请日以后公布的专利申请文件中。但是，申请专利的发明创造在申请日以前6个月内有下列情形之一的，不丧失新颖性：①在中国政府主办或者承认的国际展览会上首次展出的；②在规定的学术会议或者技术会议上首次发表的；③他人未经申请人同意而泄漏其内容的。

(2) **创造性**，是指与申请日以前已有的技术相比，该发明有突出的实质性特点和显著的进步，该实用新型有实质性特点和进步；或者所申请的专利发明即使内行人也不是一看就懂的。

(3) **实用性**，是指该发明或者实用新型能够被制造或者使用，并且能够产生积极效果，即可实施性；该发明应该是某个技术问题的具体解决方案；再现性，该发明能够为所属技术领域的普通技术人员无数次地反复实施，有多次再现的可能性；有益性，该发明能够产生有益的社会效果，对社会的发展、技术的进步或公众的利益具有积极的实际意义。

2. 取得专利权的程序。

(1) 专利权的申请。申请专利权需要递交的资料主要有：申请发明或者实用新型专利的，应当提交请求书、说明书及其摘要和权利要求书等文件。申请外观设计专利的，应当提交请求书以及该外观设计的图片或者照片等文件，并且应当写明使用该外观设计的产品及其所属的类别。

专利申请应遵循的原则如下：

一件创造发明一件申请原则。一件发明或者实用新型专利申请应当限于一项发明或者实用新型。属于一个总的发明构思的两个以上的发明或者实用新型，可以作为一件申请提出。一件外观设计专利申请应当限于一种产品所使用的一项外观设计。用于同一类别并且成套出售或者使用的产品的两项以上的外观设计，可以作为一件申请提出。

申请在先原则。在两个以上的申请人分别就同样的发明创造申请专利的情况下，专利权授予最先提出申请的申请人。

优先权原则。优先权分为外国优先权和本国优先权。申请人自发明或者实用新型在外国第一次提出专利申请之日起12个月内，或者自外观设计在外国第一次提出专利申请之日起6个月内，又在中国就相同主题提出专利申请的，依照该外国同中国签订的协议或者共同参加的国际条约，或者依照相互承认优先权的原则，可以享有优先权。申请人自发明或者实用新型在中国第一次提出专利申请之日起12个月内，又向国务院专利行政部门就相同主题提出专利申请的，可以享有优先权。申请人要求优先权的，应当在申请的时候提出书面声明，并且在3个月内提交第一次提出的专利申请文件的副本，未提出书面声明或者逾期未提交专利申请文件副本的，视为未要求优先权。

(2) 专利申请的审批。专利局对发明专利采取初审、早期公开、迟延审查和实质审查制度，对实用新型和外观设计则仅需要经过初步审查。

第一，**初步审查**，也称为形式审查，是指专利局对发明、实用新型和外观设计专利申请是否具备形式条件进行的审查。

第二，**早期公布**。发明专利申请经过初步审查，对符合形式条件的申请，专利局自申请日起满18个月即行公布，也可以根据申请人的请求早日公布其申请。

第三，**实质审查**，也称为技术审查，是对申请专利的发明是否具有专利性所进行的审查。发明专利自申请日起3年内，专利局可以根据申请人随时可提出的请求，对其申请进行实质审查，申请人无正当理由逾期不请求实质审查的，该申请即被视为撤回。专利局认为必要时，也可自行对专利申请进行实质审查。

第四，**授予专利并登记公告**。发明专利申请，经实质审查没有发现驳回理由的，专利局应当作出授予发明专利权的决定，发给发明专利证书，并予以登记和公告。发明专利权自公告之日起生效。

实用新型和外观设计的审批比发明专利的简单，其申请经过初步审查没有发现驳回理由的，即由国务院专利行政部门作出授予实用新型专利权或者外观设计专利权的决定，发给相应的专利证书，同时予以登记和公告。

第五，**复审制度**。国务院专利行政部门设立专利复审委员会。专利申请人对国务院专利行政部门驳回申请决定不服的，可以自收到通知之日起3个月内向专利复审委员会请求复审。专利复审委员会复审后，作出决定，并通知专利申请人。专利申请人对专利复审委员会决定不服的，可以自收到通知之日起3个月内向人民法院起诉。

3.专利权的期限。我国发明专利的期限为20年，实用新型和外观设计专利的期限为10年，均自申请日起计算。

4.专利权的终止。专利的终止包括：（1）自然终止，即因专利的期限届满而终止；（2）非自然终止，即在期限届满前终止，主要有没有按期缴纳年费、专利权人以书面声明方式放弃专利权两种情形。

5.专利权的无效。《专利法》规定："自国务院专利行政部门公告授予专利权之日起，任何单位或者个人认为该专利权的授予不符合本法有关规定的，可以请求专利复审委员会宣告该专利权无效。"

宣告专利权无效主要基于以下理由：（1）授予专利权的发明创造不符合专利权授权的实质性条件；（2）授予专利权的发明创造不是专利法意义上的发明创造，或违反国家法律、社会公德以及公共利益；（3）专利权人的申请文件不符合法律规定；（4）取得专利权的人无权取得该专利权。专利权一旦被宣告无效，其从授权之日起就不产生法律拘束力，被国务院的专利复审委员会宣布为无效的专利视为自始即不存在。

（三）专利权的法律保护

1.专利权的法律保护范围。发明和实用新型专利权的保护范围以其权利要求的内容为准，说明书及附图可以用于解释权利要求。外观设计专利权的保护范围以表示在图片或者照片中的该外观设计专利产品为准。

2.专利侵权行为的界定。**专利侵权行为是指在专利权的有效期间未经专利权人同意而以营利为目的实施其专利的行为**。但是，下列行为不属于侵犯专利权的行为：（1）专利权人制造或经专利权人许可制造的专利产品出售后，使用或销售该产品的；(2) 在专利申请日前已经制造相同产品、使用相同方法或者已经作好制造、使用的必要准备，并且仅在原有的范围内继续制造、使用的；(3) 为生产经营目的使用或销售不知道是未经专利权人许可而制造并销售的专利产品的或者依照专利方法直接获得的产品，能证明其产品合法来源的；(4) 临时通过中国领土、领水、领空的外国运输工具，依据所属国与中国签定的协议或者共同参加的国际条约，或者依据互惠原则，为运输工具自身需要而在其装置和设备中使用有关专利的；(5) 专为科学研究和实验而使用有关专利的。

小案例

2003年第八届中国国际建筑贸易博览会开幕的第一天，会展主办方就收到了浙江某知名装饰品公司和德国某品牌卫浴公司的公函，两家公司声称有十几家参展企业的产品侵犯了它们的专利权，要求主办方给予妥善处理，否则即申请法院进行证据保全，进场扣押被控侵权企业的参展产品。主办方立即委托律师全权处理此事。经查，以上两公司的产品确有国家专利局核发的外观设计专利证书。后经上海市知识产权局执法部门出面与其他企业共同协商，以其他参展企业撤下涉嫌侵权的展品、而以上两权利人不在展会期间追究其责任解决了纷争。

3. 专利侵权行为的法律责任。

(1) 行政责任。管理专利工作的部门处理专利侵权行为时，认定侵权行为成立的，可以责令侵权人立即停止侵权行为。当事人不服的，可以自收到处理通知之日起15日内向人民法院起诉。侵权人期满不起诉又不停止侵权行为的，管理专利工作的部门可以申请人民法院强制执行。

假冒他人专利的，除依法承担民事责任外，由管理专利工作的部门责令改正并予以公告，没收违法所得，可以并处违法所得3倍以下的罚款；没有违法所得的，可以处5万元以下的罚款；构成犯罪的，依法追究刑事责任；以非专利产品冒充专利产品、以非专利方法冒充专利方法的，由管理专利工作的部门责令改正并予以公告，可以处5万元以下的罚款。

进行处理的管理专利工作的部门应当事人的请求，可以就侵犯专利权的赔偿数额进行调解；调解不成的，当事人可以依照《民事诉讼法》向人民法院起诉。

(2) 民事责任。侵犯专利权的赔偿数额，按照权利人因被侵权所受到的损失或者侵权人因侵权所获得的利益确定；被侵权人的损失或者侵权人获得的利益难以确定的，参照该专利许可使用费的倍数合理确定。

(3) 刑事责任。假冒他人专利，情节严重的，处3年以下有期徒刑或者拘役，并处或者单处罚金。单位犯罪的，对单位处以罚金，并对其直接负责的主管人员和其他直接责任人员依照上述规定处罚。

四、展会期间商标权的保护

(一) 商标权

1. 商标。商标是指商品生产者或经营者为使自己销售的商品或者提供的服务与其他生产者或经营者销售的商品或者提供的服务相区别而使用文字、图形、字母、数字、三维标志和颜色组合等一种特殊的可视性标记。商标的种类包括商品商标、服务商标、集体商标、证明商标等。

提示：

商标的最基本作用是用来区分同种商品或服务的不同提供者，以表明提供者的责任。

具体来说，商标的作用是：（1）有助于消费者建立消费偏好；（2）有助于促销手段的实施；（3）便于质量监督，提高产品质量；（4）给企业带来的其他利益。

2. 商标权。**商标权是指商标所有人对法律确认并给予保护的商标所享有的权利**。商标权的法律特征是：（1）专有性；（2）时间性；（3）地域性；（4）许可使用权。

3. 商标权的主体和客体。商标权的主体，即商标权人或商标专用人，主要包括依法进行登记的我国企业、事业单位、个体工商户和自然人，或者是符合我国《商标法》规定的外国人或外国企业。**商标权的客体是指经过国家工商局核准注册的商标，即注册商标**。注册商标依其构成形态不同区分为：（1）文字商标；（2）图形商标；（3）文字、图形组合商标；（4）气味商标；（5）声音商标；（6）形体商标。

4. 商标权人的权利和义务。

（1）商标权人的主要权利有：

第一，**商标专用权**。商标权人可以将其注册商标在核准的商品上使用，并因此获得合法利益。其他人未经商标权人许可，不得使用注册商标。

第二，**转让权**。商标权人有权将其注册商标转让给其他单位或者个人。商标转让是商标所有权的转移。转让注册商标的，转让人和受让人应当签订转让协议，并共同向工商局提出申请。受让人应当保证使用该注册商标的商品质量。转让注册商标经核准后，予以公告。受让人自公告之日起享有商标专用权。

第三，**许可权**。商标注册人可以通过签订商标使用许可合同，许可他人使用其注册商标。许可人应当监督被许可人使用其注册商标的商品质量。被许可人应当保证使用该注册商标的商品质量。

经许可使用他人注册商标的，必须在使用该注册商标的商品上标明被许可人的名称和商品产地。商标使用许可合同应当报工商局备案。

第四，**禁用权**。商标权人有禁止他人未经许可而使用其注册商标或使用与之相混同的商标的权利。他人未经许可，不得在同一种商品或类似商品上使用该注册商标或相近似的商标。

第五，**收益权**。商标权人通过使用、许可使用、转让等方式行使其商标权而获得经济利益的权利。

（2）商标权人的主要义务包括：

第一，**使用注册商标的义务**。使用注册商标的，应当标明"注册商标"或者注册标记。商标注册后必须使用，注册商标用于商品、商品的包装或容器以及商品交易文书上，或将商标用于广告宣传、展览及其他业务活动。连续3年停止使用注册商标的，任何人可以向工商局申请予以撤销。

第二，**确保商品质量的义务**。商标注册人、受让人、被许可使用人应当保证注册商标的商品质量，不得粗制滥造、以次充好、欺骗消费者。商标使用许可人对被许可人使用其注册商标的商品质量负有监督义务。

第三，**缴纳费用的义务**。商标权人申请商标注册和办理其他商标事宜时，应按规定缴纳费用，否则工商局不予注册。

第四，**其他义务**。商标权人负有遵守商标管理规定义务，如不得擅自改变注册事项义务、不得自行转让注册商标义务等。

（二）商标权的取得

商标权取得方式有原始取得和继受取得两种。

1. **原始取得**。商标权的原始取得也称为商标权的直接取得，是指商标权由独创而来，其产生并非基于他人既存之商标权，也不以他人的意志为根据。

（1）注册原则。我国采用自愿和强制相结合的原则。对绝大多数商品采用自愿注册原则，商标是否注册由当事人自行决定。但是，未注册商标不享有商标专用权。

《商标法》规定了必须使用注册商标的商品（强制注册），如人用药品、烟草制品必须申请商标注册，未经核准注册的，不得在市场上销售。

（2）先申请原则。两个以上的申请人先后就同一种类的商品以相同或相似的商标申请注册的，工商局对申请在先者予以审核和注册，并驳回其他人的申请；同一天申请的，工商局对使用在先者予以审核和注册，驳回其他人的申请。申请先后的确定以申请日为准。申请日的确定以工商局收到申请书件为准。

（3）一类商品一件商标申请原则。申请商标注册的，应当按规定的商品分类表填报使用商标的商品类别和商品名称。同一申请人在不同类别的商品上使用同一商标的，应当按照商品分类表提出注册申请。注册商标需要在同一类的其他商品上使用的，应当另行提出申请。

2. **继受取得**。商标权的继受取得也称为商标权的传来取得，是指商标所有人享有商标权是以原商标所有人的商标权及其意志为依据而产生的，主要有两种情况：一是根据转让合同受让人取得出让人的商标权；二是根据继承程序由继承人继承被继承人的商标权。

（三）商标权的使用

商标注册并通过初步审定后，予以公告，自公告之日起3个月内无异议的，可以获得商标注册证，可以享有该商标的专用权。

1. 注册商标的转让和许可使用。商标注册人可以依法转让其注册商标。转让时，转让人与受让人应当签订转让协议，并共同向工商局提出申请。受让人应当保证使用该注册商标的商品质量。转让注册商标经核准后，予以公告。受让人自公告之日起享有商标专用权。

商标注册人还可以通过签订商标使用许可合同，许可他人使用其注册商标。许可人应当监督被许可人使用其注册商标的商品质量。被许可人应当保证使用该注册商标的商品质量。经许可使用他人注册商标的，必须在使用该注册商标的商品上标明被许可人的名称和商品产地。商标使用许可合同应当报工商局备案。

2. 商标权的期限。我国注册商标的有效期为10年，自核准注册之日起计算。有效期满，需要继续使用的，应当在期满前6个月内申请续展注册；在此期间未能提出申请的，可以给予6个月的宽展期。宽展期满仍未提出申请的，工商局注销其注册商标。每次续展注册的有效期为10年。

3. 商标权的终止。注册商标受法律保护，但有可能会因为一些情况而终止，其主要表现为：(1) 因注册商标法定有效期限届满又未续展注册，导致注册商标注销，商标权因而终止；(2) 因商标注册人自动申请注销注册而导致商标权终止；(3) 因注册商标争议被商标评审委员会裁定撤销注册商标而导致商标权终止；(4) 因商标注册不当，被工商局撤销注册或者经商标评审委员会裁定撤销注册而导致商标权终止；(5) 因商标注册人违反商标法规定被工商局撤销其注册商标，导致商标权终止。

4. 会展期间的商标管理。为保护商标所有人的合法权益，加强对各类对外经济贸易展览会参展企业商标使用的管理和监督，明确主办单位、组团单位，参与机构、参展企业等各方在各类对外经济贸易展览会期间的商标管理责任，1995年9月1日对外贸易经济合作部发布了《在各类对外经济贸易展览会期间加强商标管理工作的通知》，对会展期间的商标管理工作作了明确的规定。

《在各类对外经济贸易展览会期间加强商标管理工作的通知（节选）》

(1) 在各类对外经济贸易展览会期间，各参展企业必须严格遵守《关于对外贸易中商标管理的规定》。严禁参展企业未经许可展出带有他人注册商标的样品，或使用他人注册商标对外报价、成交；严禁将客户提供的不能确定商标归属的样品及非展品在展台上摆放或用作宣传；否则，一经查出所用商标属侵权商标，将追究有关参展企业的责任。属联营或以代理销售名义使用他人摊位参展的企业造成侵权行为，其责任由参展企业和摊位所有人共同承担。

(2) 各参展企业应接受各类对外经济贸易展览会主办单位、组团单位及进出门商会的商标核查，服从上述部门的指导、监督，并为核查提供方便，按要求如实反映与所涉及的商标有关的签约、供货、库存、出运等方面情况；同时，商标所有人应提高商标自我保护意识，发现其他参展企业未经许可使用本企业注册商标的，应及时上报各有关主办单位、组团单位及其他有关部门。

(3) 各主办单位应指派熟悉商标法规、规章的人员参与对外经济贸易展览会的商标管理工作。在展览会开幕前，各主办单位须向参展企业明确商标法规及有关文件规定，并要求遵照执行；严禁参展企业将冒用他人注册商标或商标归属不清的展品带入展销。在有条件的情况下，主办单位可在筹展期间对参展企业所携带样品的商标使用情况预先进行普查，防止商标侵权行为的发生。

(4) 各类对外经济贸易展览会期间，对于检查和经他人举报发现的商标侵权行为，各主办单位在调查核实后，应及时协助商标所有人予以制止，并将商标侵权行为、商标纠纷发生及处理情况通知有关组团单位；对于在对外经济贸易展览会期间出现的难以判定和解决的商标纠纷，主办单位应做好协调工作，要求当事人暂停与商标纠纷有关的展销、洽谈活动。

在对外经济贸易展览会结束后一个月内，各主办单位须将对外经济贸易展览会期间商标管理工作情况如实向有关管理部门报告。

(5) 对外经济贸易展览会组团单位要加强对参展企业使用商标的检查、管理，并负责协调、处理本团参展企业间发生的商标纠纷和商标侵权行为，认真支持、配合主办单位的有关商标工作，维护参展企业的商标权益。在大型对外经济贸易展览会期间，应派专职商标管理人员参加，指导参展企业依法使用商标，杜绝商标侵权事件的发生。

(6) 各进出口商会除在广州交易会期间根据《关于进出口商在广交会期间加强商标工作的通知》的规定，指派专人负责商标工作外，在参加其他各类对外经济贸易展览会期间，应配合主办单位和组团单位做好本商会会员企业间的商标使用协调、检查工作。

(7) 各主办单位对于商标侵权的参展企业，有权没收其侵权物品，并要求其就侵权商品来源、成交、库存等情况作出书面说明；对于情节严重的商标侵权企业，可给予通报批评、取消当事人参加此类对外经济贸易展览会资格、取消该企业参展资格、扣减该企业下一届参展摊位等处罚；组团单位对于本团商标侵权的参展企业可依据权限予以处罚。对严重的商标侵权行为，各有关单位可报对外贸易经济合作部，由对外贸易经济合作部按有关规定处理。

(8) 对于我外贸企业在参加由外国机构组织的境外各类对外经济贸易展览会期间发生的商标纠纷，属于我外贸企业之间的商标纠纷，由组团单位带回国内解决，不得对外造成不良影响；属于我外贸企业与国外企业间发生的商标纠纷，组团单位应在各有关驻外经商机构的领导下，尽快予以解决，尽量减少对外影响，并及时将情况向有关管理部门报告。

(9) 各参展企业有义务对主办单位及组团单位等的商标工作进行监督。对于不能认真履行或推卸商标管理责任、玩忽职守的主办单位或组团单位，参展企业可随时向对外贸易经济合作部反映，对外贸易经济合作部将根据有关规定追究责任。

(四) 注册商标专用权的法律保护

1. 商标侵权行为的界定。注册商标的专用权，以核准注册的商标和核定使用的商品为限。根据《商标法》的规定，有下列行为之一的，均属侵犯注册商标专用权：(1) 未经注册商标所有人的许可，在同一种商品或者类似商品上使用与其注册商标相同或者近似的商标的；(2) 销售侵犯注册商标专用权的商品的；(3) 伪造、擅自制造他人注册商标标识或者销售伪造、擅自制造的注册商标标识的；(4) 未经商标注册人同意，更换其注册商标并将该更换商标的商品又投入市场的；(5) 给他人的注册商标专用权造成其他损害的。

2. 商标侵权行为的法律责任。由侵犯商标专用权的行为引起纠纷的，由当事人协商解决；不愿协商或者协商不成的，商标注册人或者利害关系人可以向人民法院起诉，也可以请求工商行政管理部门处理。对侵犯注册商标专用权的行为，工商管理部门有权依法查处；涉嫌犯罪的，应当及时移送司法机关依法处理。

为强化商标专用权保护措施，《商标法》规定了诉前保全和禁令制度。商标注册人或者利害关系人有证据证明他人正在实施或者即将实施侵犯其注册商标专用权的行为，如不及时制止，将会使其合法权益受到难以弥补的损害的，可以在起诉前向人民法院申请采取责令停止有关行为和财产保全的措施。

为制止侵权行为，在证据可能灭失或者以后难以取得的情况下，商标注册人或者利害关系人可以在起诉前向人民法院申请保全证据。

（1）行政责任。工商行政管理部门处理商标侵权行为时，认定侵权行为成立的，责令立即停止侵权行为，没收、销毁侵权商品和专门用于制造侵权商品、伪造注册商标标识的工具，并可以处以罚款。当事人对处理决定不服的，可以自收到处理通知之日起 15 日内依照《行政诉讼法》向人民法院起诉。侵权人期满不起诉又不履行的，工商行政管理部门可以申请人民法院强制执行。

（2）民事责任。侵犯商标专用权的赔偿数额，为侵权人在侵权期间因侵权所获得的利润或者被侵权人在被侵权期间因被侵权所受到的损失，包括被侵权人为制止侵权行为所支付的合理开支。上述侵权人因侵权所得利益，或者被侵权人因被侵权所受损失难以确定的，由人民法院根据侵权行为的情节轻重判决给予 50 万元以下的赔偿。

（3）刑事责任。未经注册商标人许可，在同一种商品上使用与其注册商标相同的商标，或伪造、擅自制造他人注册商标标识，或销售伪造、擅自制造的注册商标标识等行为，构成犯罪的，依法追究刑事责任。

五、展会期间著作权的保护

（一）著作权

1. 著作权。**著作权，也称版权，是指文学、艺术和科学等作品的作者或其他著作权人，在法定期限内对其作品所依法享有的专有权利。**

2. 著作权的内容。著作权的内容包括著作人身权和著作财产权两部分。**著作人身权**是指作者基于作品依法享有的以人身权益为内容的、与其人身密不可分的权利，又称精神权利或人格权。著作人身权专属于作品的作者，通常不得转让、继承和放弃，包括发表权、署名权、修改权、保护作品完整权。**著作财产权**是指著作权人依法通过各种方式利用其作品能带来经济效益的权利，包括复制权、出租权、发行权、展览权、表演权、放映权、广播权、信息网络传播权、摄制权、改编权、翻译权、汇编权等使用作品的权利。

3. 著作权的主体和客体。**著作权的主体，也称著作权人，是指依法对文学、艺术和科学作品享有著作权的人**。我国著作权的主体主要包括公民、法人、外国人、其他组织、无国籍人（国家也可成为著作权主体）。**著作权的客体是指受著作权保护的作品**，包括文字作品；口述作品；音乐、戏剧、曲艺、舞蹈、杂技艺术作品；美术、建筑作品；摄影作品；电影、电视、音像作品；工程设计图、产品设计图、地图、示意图等图形作品和模型作品；计算机软件；法律、行政法规规定的其他作品。

（二）著作权的取得、期限和许可使用

1. 著作权的取得。我国《著作权法》规定，中国公民、法人或者其他组织的作品，不论是否发表，依照该法享有著作权。可见，我国对著作权采取自动保护的制度，作品一经创作完成即取得著作权。

2. 著作权的保护期限。著作权的保护期限，即著作权的有效期限。著作权的人身权，除作者的署名权、修改权、保护作品完整权的保护期限不受期限限制外，对公民的作品，属于人身权和属于财产权的使用权及获得报酬权的保护，规定为作者终生及其死亡后50年；法人或非法人单位的作品及其享有著作权（署名权除外）的职务作品，其发表权、使用权和获得报酬权的保护期，以及电影、电视、录像和摄影作品的保护期，均为50年。但上述作品自创作完成后50年内未发表的，则不予保护。

3. 著作权的许可使用。著作权的许可使用，即授权使用，是指著作权人授权他人在一定的期限和范围内以一定方式使用其作品的制度。许可使用有专有许可使用和非专有许可使用两种形式。专有许可即独占许可，是指被许可人对许可使用的作品在一定期限和范围内享有以特定的方式专有使用权。非专有许可即非独占许可，是指一般许可使用，著作权人可以将同一作品授权两个以上的人使用。

（三）著作权的法律保护

1. 著作权侵权行为。**所谓著作权侵权行为，是指未经著作权人的同意，又无法律上的根据，擅自对著作权作品进行使用以及其他以非法手段行使著作权的行为。**

侵犯著作权人的行为可以分为直接侵权和间接侵权两种。**直接侵权**是不法行为直接侵犯受著作权法所保护的作品，如未经授权复制、发行权利人的作品。**间接侵权**是不法行为未直接侵犯受著作权法保护的作品，但为侵权行为提供条件，从而对著作权造成侵害，如出售非法复制的图书、影碟等。

2. 著作权侵权行为人的法律责任。著作权侵权行为发生以后，侵权行为人就须承担法律责任。依照我国著作权法的规定，侵犯著作权行为人应承担的法律责任主要有民事责任、行政责任、刑事责任。

有下列侵权行为的，应当根据情况，承担停止侵害、消除影响、赔礼道歉、赔偿损失等民事责任；同时损害公共利益的，可以由著作权行政管理部门责令停止侵权行为，没收违法所得，没收、销毁侵权复制品，并可处以罚款；情节严重的，著作权行政管理部门还可以没收主要用于制作侵权复制品的材料、工具、设备等；构成犯罪的，依法追究刑事责任：

（1）未经著作权人许可，复制、发行、表演、放映、广播、汇编、通过信息网络向公众传播其作品的，《著作权法》另有规定的除外；

（2）出版他人享有专有出版权的图书的；

（3）未经表演者许可，复制、发行录有其表演的录音录像制品，或者通过信息网络向公众传播其表演的，《著作权法》另有规定的除外；

（4）未经录音录像制作者许可，复制、发行、通过信息网络向公众传播其制作的录音录像制品的，《著作权法》另有规定的除外；

（5）未经许可，播放或者复制广播、电视的，本法另有规定的除外；

（6）未经著作权人或者与著作权有关的权利人许可，故意避开或者破坏权利人为其作品、录音录像制品等采取的保护著作权或者与著作权有关的权利的技术措施的，法律、行政法规另有规定的除外；

(7) 未经著作权人或者与著作权有关的权利人许可，故意删除或者改变作品、录音录像制品等的权利管理电子信息的，法律、行政法规另有规定的除外；

(8) 制作、出售假冒他人署名的作品的。

此外，侵犯著作权或者与著作权有关的权利的，侵权人应当按照权利人的实际损失给予赔偿；实际损失难以计算的，可以按照侵权人的违法所得给予赔偿。赔偿数额还应当包括权利人为制止侵权行为所支付的合理开支。权利人的实际损失或者侵权人的违法所得不能确定的，由人民法院根据侵权行为的情节轻重，判决给予人民币50万元以下的赔偿。

相关链接

《展会知识产权保护办法》

为加强展会期间知识产权保护，维护会展业秩序，推动会展业的健康发展，国家商务部会同国家知识产权局、国家工商总局和国家版权局于2006年1月10日共同颁发了《展会知识产权保护办法》，并于2006年3月1日起正式施行。

该《保护办法》共分7章35条，分别对展会期间知识产权侵权投诉，展会期间专利、商标、著作权保护以及相关法律责任进行了规定。其主要有：

1. 明确了展会管理部门、知识产权行政执法部门、展会主办方、参展方的法律地位及法律关系。

2. 考虑到不同展会的特点，从最大限度便利展会知识产权保护的角度考虑，规定了知识产权投诉机构的设立和职责，协调了行政执法能力和展会知识产权保护的关系。

3. 规定了展会期间知识产权投诉应当提交的材料和处理的程序。

4. 针对展会期间专利、商标和版权保护的不同特点，规定了地方专利、商标和版权管理部门相应的保护措施。

5. 规定了展会结束时，相关行政执法的衔接处理。

6. 根据展会的特点规定了严格的法律责任，增加了对侵权人的处罚和震慑作用。

《展会知识产权保护办法》的出台是我国不断加强展会知识产权立法的鲜明例证。《保护办法》基于实践中发生的展会知识产权被侵犯的具体事实而规定，这种务实的立法方式必将对我国展会知识产权保护的现实利益与未来立法产生积极影响和作用。

模块四 广 告 法

在会展运行的过程中，除了要遵守前面所介绍的法律规定外，还应当遵守广告管理等方面的法律规定。会展的举办单位和从业人员应当增强这些方面的法律意识。

一、广告法的基本准则

（一）广告

1. 广告的概念。**广告是通过一定的媒介或形式向社会或公众传播商品、劳务、服务及其他信息的一种宣传方式。**

广告概念有狭义和广义之分。我国《广告法》中所称的广告是狭义的广告，是指以营利为目的的商业广告，是商品经营者或者服务提供者承担费用，通过一定媒介和形式直接或者间接地介绍自己所推销的商品或者所提供的服务的商业广告。商业广告有以下法律特征：(1) 以营利为目的；(2) 为了传播商业信息，介绍自己所推销的商品或者所提供的服务；(3) 必须通过一定媒介和形式表现出来；(4) 广告费用必须由商品经营者或者服务提供者承担。

2. 广告的原则。广告活动主体在广告活动中必须根据广告所具有的特点、性质等来从事广告活动。这些广告的性质、特点就是广告的原则。

我国《广告法》第三条规定："广告应当真实、合法，符合社会主义精神文明建设要求。"第五条规定："广告主、广告经营者、广告发布者从事广告活动，应当遵守法律、行政法规，遵循公平、诚实信用的原则。"以上规定确定了广告的以下四条原则：

(1) **合法原则。**广告活动主体在广告活动中应遵守法律、行政法规、规章的要求。合法原则不仅要求广告的内容和广告发布形式要合法，而且要求广告主的广告宣传活动和广告经营者、发布者在广告的设计、制作代理、发布等广告经营活动必须合法。

(2) **公平原则。**公平原则在广告活动中体现为:广告活动必须体现平等自愿的原则;广告活动必须坚持等价有偿的原则;广告活动必须符合公平竞争的原则。

(3) **内容真实原则。**内容真实就是指广告主、广告经营者和广告发布者在广告活动中应当诚实，如实地介绍商品或服务，不能进行任何形式的虚构和夸大，不得欺骗和误导消费者。我国对广告真实性的要求主要体现在：一是广告宣传的内容要真实；二是广告艺术形式的选择不得违背真实性原则。

(4) **符合社会主义精神文明建设的要求。**广告除了可以通过广泛的媒介和生动的形式向社会公众介绍商品和服务外，还会对人们的思想观念和生活方式产生潜移默化的影响。因此，广告的内容、形式必须积极、健康，必须符合社会主义精神文明的要求。

（二）广告法

1. 广告法的概念。**广告法是指广告主、广告经营者和广告发布者在从事广告活动中所发生的各种社会关系的法律规范的总称。**

广告主是指为推销商品或者提供服务，自行或者委托他人设计、制作、发布广告的法人、其他经济组织或者个人；**广告经营者**是指受委托提供广告设计、制作、代理服务的法人、其他经济组织或者个人；**广告发布者**是指为广告主或者广告主委托广告经营者发布广告的法人或者其他经济组织。

2. 广告法的基本准则。**广告法的基本准则是指一切广告都应当遵循的广告**

发布标准，是发布广告的一般原则和限制，是判断广告能否发布的依据。广告准则包括一般商品的广告准则和特殊商品的广告准则。

根据我国《广告法》的规定，一般商品广告应当遵循以下准则：

（1）广告内容应当有利于人民的身心健康，促进商品和服务质量的提高，保护消费者的合法权益，遵守社会公德和职业道德，维护国家的尊严和利益。《广告法》作了如下规定：①不得在广告中使用中华人民共和国国旗、国徽、国歌；②不得在广告中使用国家机关和国家机关工作人员的名称；③不得在广告中使用国家级、最高级、最佳等用语；④广告中不得有妨碍社会安定和危害人身、财产安全，损害社会公共利益的内容；⑤广告中不得含有妨碍社会公共秩序和违背社会良好风尚的内容；⑥广告中不得含有淫秽、迷信、恐怖、暴力、丑恶的内容；⑦广告中不得含有民族、种族、宗教、性别歧视的内容；⑧广告中不得有妨碍环境和自然资源保护的内容；⑨法律、行政法规规定禁止的其他情形。

（2）广告不得损害未成年人和残疾人的身心健康。

（3）广告的内容应确保真实、清晰。广告中对商品的性能、产地、用途、质量、价格、生产者、有效期限、允诺或者对服务的内容、形式、质量、价格、允诺有表示的，应当清楚、明白；广告中表明推销商品、提供服务附带赠送礼品的，应当标明赠送礼品的品种和数量；广告使用数据、统计资料、调查结果、文摘、引用语，应当真实、准确，并标明出处；广告中涉及专利产品或者专利方法的，应当标明专利号和专利种类；未取得专利权的，不得在广告中谎称取得专利权，并禁止使用未授予专利权的专利申请和已经终止、撤销、无效的专利做广告等。

（4）对比性广告规则。我国并不绝对禁止对比性广告，但对比性广告应当符合真实、合法、公平竞争的原则。广告不得贬低其他生产经营者的商品或者服务。**贬低广告是指在广告中采用不公正、不客观、捏造、恶意歪曲事实、影射、中伤等不正当手法，损害他人商业信誉和商品信誉，进而削弱其他竞争对手能力的广告。**

（5）广告应具有可识别性，能够使消费者辨明其为广告。

（6）大众传播媒介不得以新闻报道形式发布广告。

《广告法》及相关法规对一些特殊商品和特殊情况的广告作了更为严格的限制和规定，主要有：

（1）药品广告。《广告法》规定，药品广告的内容必须以国务院卫生行政部门或者省、自治区、直辖市卫生行政部门批准的说明书为准。国家规定的、应当在医生指导下使用的治疗性药品广告中，必须注明“按医生处方购买和使用”。**不准发布广告的药品有：**①麻醉药品、精神药品、毒性药品、放射性药品；②治疗肿瘤、艾滋病，改善和治疗性功能障碍的药品，防疫制品；③《药品管理法》规定的假药、劣药；④戒毒药品以及国务院卫生行政部门认定的特殊药品；⑤未经卫生行政部门批准生产的药品和试生产的药品；⑥计划生育用药；⑦卫生行政部门明令禁止销售、使用的药品和医疗单位配制的制剂；⑧除中药饮片外，未取得注册商标的药品；⑨临床使用，发现有超出规定的副作用的药品。

（2）烟草广告。《广告法》规定，禁止利用广告、电影、电视、报纸、期刊发布烟草广告，禁止在各类等候室、影剧院、会谈厅堂、体育比赛场馆等公共场所设置烟草广告。

烟草广告必须标明“吸烟有害健康”。

（3）酒类广告。《广告法》对酒类广告规定：40°以上（含40°）酒水销售现场，原则上不允许做广告，国家级、部级和省级优质烈性酒须经省一级工商行政管理局或其授权的省辖市工商行政管理局批准。39°以下（含39°）酒类广告，必须标明酒的度数。酒类广告的内容必须符合卫生许可的事项，“并不得使用医疗用语或者与药品混淆的用语”。

（4）食品广告。申请发布涉及食品成分、营养及其他具有食品卫生科学内容的广告，应持有食品卫生监督机构填发的“食品广告审批表”；工商企业发布食品广告应出具“食品卫生许可证”；国外企业在我国境内进行食品广告，一般应持“进口食品卫生许可证”向省或省以上食品卫生监督机构申办“食品广告审批”。《广告法》还规定，食品广告不得使用医疗用语或者与广告药品混淆的用语。

（5）化妆品广告。广告客户发布化妆品广告时，对可能引起不良反应的化妆品，应当在广告中注明使用方法、注意事项。广告经营者承办或代理化妆品广告，应当查验证明，审查广告内容。对不符合规定的，不得承办或者代理。

（6）医疗广告。“医疗广告证明”的有效期为一年。变更广告内容或有效期满，必须重新办理“医疗广告证明”；发布户外医疗广告，必须持“医疗广告证明”到当地工商行政管理机关办理发布手续；广告经营者承办或者代理医疗广告，必须查验“医疗广告证明”，并按照核定的内容设计、制作、代理、发布。未取得“医疗广告证明”的，广告经营者不得承办或者代理。

（7）来华广告的管理。**来华广告，是指外国企业（组织）、个人在中华人民共和国境内进行的广告宣传**。来华广告必须遵守中华人民共和国的法律、法规。根据我国的广告管理法规，对来华广告有以下规定：①来华广告的承办。来华广告只能由有经营外商广告权的中国广告经营者办理，没有经营外商来华广告权或不是广告经营者不能承办来华广告业务。②来华广告的发布者是外国企业（组织）、公民的，不能自行在中国境内发布广告，在中国境内发布广告必须委托具有经营来华广告权的中国广告经营者代理，未经代理，不能自己发布广告。③来华广告内容不得违反中国法律、法规、政策，必须遵守中国的外交政策、对外贸易政策、文教卫生政策。违反中国法律、法规的，要按中国法律、法规处罚。④与我国没有直接贸易关系和外交关系的国家和地区，不得进行广告交流。⑤来华广告业务中，依照中国法律需要其本国出具某些证明或在中国办理审查批准登记、检验等手续的，要提供有关证明和办理批准登记、检验手续。如来华药品广告、农药广告等就要出具本国的证明，并在我国办理审批手续。⑥凡国家明确对某些国家和地区来华广告须指定广告经营者办理的，不是被指定的广告经营者即使有外商广告经营权，也不得办理这类广告业务，对广告内容和广告宣传媒介有限制性规定的，要严格执行。

（8）出口广告的管理。**出口广告是指中国企业（组织）和公民个人在国外进行的广告宣传**。出口广告要遵守中国的法律、法规和政策，也要遵守宣传地国家的法律规定。其主要内容有：①我国企业（组织）和公民个人不得自行去国外进行广告宣传，应当委托具有外商广告经营权的中国广告经营者代为办理出口广告宣传业务。出口广告经营权由工商行政管理机关核定。②外国广告企业不得擅自在中国境内承揽广告业务，外籍人员也不得擅自在中国境内招揽广告业务。外国企业在中国境内招揽广告业务，必须委托具有外商广告经营权的中国广告经营者代为办理。③港、澳、台地区是中华人民共和国不可分割的一部分，由于历史原因和政治原因，分别对这些地区的企业（组织）、个人来大陆进行的广告宣传，按照来华广告进行管理。我国大陆的企业（组织）、个人到港、澳、台地区进行广告宣传的，按出口广告宣传进行管理。但我国法律、法规另有规定的，按有关规定进行管理。

二、对广告活动的规定

（一）广告活动的概念及特征

广告活动是指广告主为了达到促销或树立其形象、扩大其影响等目的，通过有偿的方式，使广告经营者和广告发布者为其向广告受众发布、传播信息的市场行为过程。它具有以下特征：(1) 广告活动的主体应当具有法定资格；(2) 广告活动是法定行为；(3) 广告活动究其本质而言是民事活动。

（二）广告活动主体间的权利、义务关系

1. 广告合同制度。我国《广告法》规定："广告主、广告经营者、广告发布者之间在广告活动中应当依法订立书面合同，明确各方的权利和义务。"**广告合同是具有平等民事主体地位的广告活动主体之间，为实现预期的目的，明确相互权利义务而订立的协议。**广告活动主体只有签订书面合同来约定各方的权利、义务，才能保证广告活动的正常进行，才能共同对社会和消费者负责，保证广告的真实性和合法性。

广告合同可分为四类：(1) **广告发布业务合同**，是由广告发布者与广告主或广告主委托的广告经营者签订的书面合同；(2) **广告制作合同**，是由广告经营者与委托方就广告作品的设计、制作所签订的合同；(3) **广告市场调查合同**，是由广告经营者与委托方就某一具体市场调查活动所签订的合同；(4) **广告代理协议**，是具有广告代理权的广告经营者与广告主所签订的某一具体商品、服务广告活动的代理协议或全面代理协议。

2. 对广告主的广告活动的规定。

(1) 广告主自行或者委托他人设计、制作、发布广告，所推销商品或者所提供服务应当符合广告主经营范围。

(2) 广告主委托设计、制作、发布广告，应当委托具有合法经营资格的广告经营者、广告发布者。

(3) 广告主自行或者委托他人设计、制作、发布广告，应当具有或者提供真实、合法、有效的证明文件：①营业执照以及其他生产、经营资格证明文件；②质量检验机构对广告中有关商品质量内容出具的证明文件；③确认广告内容真实性的其他证明文件。

（三）对广告活动主体在广告内容方面的有关规定

1. 为保护公民、法人的人身权，《广告法》中对广告中使用他人名义、形象问题作了明确规定。广告主或者广告经营者在广告中使用他人名义、形象，应当先取得他人书面同意；使用无民事行为能力人、限制民事行为能力人名义、形

象，应当先取得其监护人的书面同意。

2.《广告法》对户外广告的设置管理也有明确的要求。**户外广告是在法人、其他经济组织和公民住所之外的公共场所或者公共活动区域所设置的广告**，有下列情形之一，不得设置户外广告：(1) 利用交通安全设施、交通标志的；(2) 影响市政公共设施、交通安全设施、交通标志使用的；(3) 妨碍生产或人民生活，损害市容市貌的；(4) 国家机关、文物保护单位和名胜风景点的建筑控制地带；(5) 当地县级以上地方人民政府禁止设置户外广告的区域。

(四) 对广告经营管理的规定

1. 广告经营者应具备的条件。从事广告经营，应当具有必要的专业技术人员、制作设备，并依法办理公司或者广告经营登记；广播台、电视台、报刊出版单位的广告业务，应当由其专门从事广告业务的机构办理，并依法办理兼营广告登记。

2. 广告经营的审批登记制度。凡是从事广告经营活动的，在符合广告经营资质标准、具备了广告市场准入条件之后，还必须向广告监督管理机关——工商行政管理部门申请登记，核准广告经营权和广告经营的范围。

3. 广告经营管理制度。《广告法》规定，广告经营者、广告发布者须依据法律、行政法规查验有关证明文件，核实广告内容。对内容不实或者证明文件不全的广告，广告经营者不得提供设计、制作、代理服务，广告发布者不得发布。广告经营者和发布者应按国家有关规定，建立健全广告业务承接登记、审核、档案管理制度。广告收费应当合理、公开，收费标准和收费办法应当向物价和工商行政管理部门备案。广告经营者和发布者应当公布其收费标准和收费办法。

(五) 广告的审查

广告审查是指在广告发布前对广告内容进行验查、核实、认可，是否合法、真实所作的审查。广告审查的目的是保证广告内容的真实性、合法性，预防虚假广告和违法广告，维护消费者权益和社会公共利益，促进广告业的健康发展。

1. 广告审查的范围。广告审查的范围分为两个层次：一是《广告法》中直接规定的利用广播、电视、电影、报纸、期刊等五种大众传播媒介或利用其他媒介发布的药品、医疗器械、农药、兽药广告；二是“法律、行政法规规定应当进行审查的其他广告”。目前，我国法律、法规规定必须审查的其他广告还包括文化、教育、卫生广告，食品广告，化妆品广告，投资基金证券广告，债券广告等。

2. 广告审查机关，是指依照法律、行政法规对必须进行行政性审查的广告进行审查的有关行政主管部门。广告审查工作具有极强的专业性和技术性，很难由一个机构来完成。我国目前实行的广告行政审查分为中央和省（自治区、直辖市，不含计划单列市）两级，如根据国务院各部门职能划分，药品广告审查机关为国务院和省级卫生行政部门，即卫生部和各省级卫生厅（局）；医疗器械广告审查机关为国家医药管理局和各省级医疗器械行政监督管理部门（一般是省医药管理局或医药总公司）；农药广告审查机关为国务院和省级农业行政主管部门，即农业部和省级农业厅、局；兽药广告审查机关为国务院和省级农牧行政管理部门，即农业部和各省农业厅、局或畜牧厅等。

3. 广告审查的程序。《广告法》第三十五条的规定，广告主申请广告审查，应当依照法律、行政法规向广告审查机关提交有关证明文件。广告审查机关应当依照法律、行政法规作出审查决定。

（1）提出广告审查的申请。广告主向广告审查机关提出申请时，应同时向广告审查机关提交与其申请审查的商品广告内容有关的证明文件。这些证明文件包括：广告主生产经营资格的证明文件；广告主申请发布广告的商品合法性的证明文件；广告内容真实、合法的证明证件；其他法律、行政法规规定应当提交的证明文件。广告证明应当是真实的，合法的和具有权威的。证明的形式应当是原件或经原出证者签章后的复印件，复印件未经原出证者签章，不能作为广告证明。

（2）广告内容的审查。接受广告主的申请之后，广告审查机关应当按照有关法律、法规对该项申请的商品广告内容的规定进行审查，即对待发布的广告成品的审查，如对广告影视带、平面广告小样等进行审查，审查其广告成品中语言、文字、形象等内容，使审查后的广告内容与消费者看到、听到、读到的广告内容相一致，不得超出审查范围。

（3）广告审查机关作出审查决定。审查机关对审查合格的准予发布，不合格的驳回申请，建议修改后再审查。对已取得广告批准文号的一些特殊商品广告（新药、新兽药、医疗器械等），为保证广告发布内容和审查文件一致，其批准文号应当列为广告内容同时发布。广告审查批准文号有效期一般是一年，超过期限的需继续做广告的，必须重新审查。

三、违反《广告法》的法律责任

广告违法行为是指广告主、广告经营者、广告发布者违反广告法规定，设计、制作、发布广告并危害社会的行为。对于广告违法行为，必须按照有关广告的法律法规予以处罚。

小案例

2007 年春季全国糖酒商品交易会尚未开幕，重庆市已经感受到了铺天盖地的广告攻势。在广告活动中，重庆诗仙太白酒厂广告语“市政府接待专用酒”，被工商部门查禁。此次全国糖酒商品交易会上，诗仙太白是此次交易会的独家赞助企业，他们并不清楚这种广告词会违反《广告法》。

想一想：“市政府接待专用酒”的广告是否应该被查禁？依据是什么？

1. 对非法经营广告的处罚。**非法经营广告是指违反《广告法》的规定，未经工商行政管理机关核发营业证照，擅自承办广告业务或超出核准的经营范围从事广告经营活动。**非法经营广告的具体行为有：（1）无证经营广告；（2）超出经营权限范围经营广告；（3）新闻单位内部非广告经营部门从事广告经营活动以及新闻工作者借采访名义招揽广告等；（4）外国企业或组织、外籍人员未经中国具有外商广告经营权的广告经营单位的代理，直接在中国境内承揽广告；（5）未经有关部门批准，承办经营印刷品广告、赞助广告，大量发行邮寄广告等。

对于非法经营广告的单位和个人，依据《广告管理条例实施细则》，广告经营者无证照或超越经营范围经营广告业务的，取缔其非法经营活动，没收非法所得，处人民币5 000元以下罚款。

2. 对发布虚假广告的处罚。**虚假广告，是指以欺骗方式进行不真实的广告宣传。**发布虚假广告的具体行为有：(1) 广告主介绍的商品、服务本身是虚假的；(2) 广告主自我介绍的内容与实际不符；(3) 对产品、服务的部分承诺是虚假、不能兑现的，且带有欺骗性。

《广告法》规定，利用广告对商品或者服务作虚假宣传的，由广告监督管理机关责令广告主停止发布，并以等额广告费用在相应范围内公开更正消除影响，并处广告费用1倍以上5倍以下的罚款；对负有责任的广告经营者、广告发布者，没收广告费用，并处广告费用1倍以上5倍以下的罚款；情节严重的，依法停止其广告业务。构成犯罪的，依法追究刑事责任。利用虚假广告进行诈骗活动、情节严重的、构成诈骗罪；在虚假广告中，假冒他人商标、侵犯他人注册商标专用权、情节严重的，构成假冒商标罪；在虚假广告中，假冒他人专利、侵犯他人专利权、情节严重的，构成假冒专利罪。

3. 对发布违禁广告的处罚。《广告法》规定，广告主或广告经营者违反《广告法》规定，发布违禁广告，由广告监督管理机关责令负有责任的广告主、广告经营者、广告发布者停止发布、公开更正，没收广告费用，并处广告费用1倍以上5倍以下的罚款；情节严重的，依法停止其广告业务；构成犯罪的，依法追究刑事责任。

4. 对发布超越国家许可范围广告的处罚。《广告管理条例实施细则》规定，发布超越国家许可范围广告的，对广告经营者予以通报批评，没收非法所得，处1万元以下罚款；对广告客户，视其情节予以通报批评，处以广告费两倍以下罚款。

5. 对发布有产品获奖内容，但不标明产品获奖级别、时间、颁奖部门广告的处罚。《广告管理条例实施细则》规定，广告经营者违反《广告管理条例》规定，发布有关产品获奖内容，但不标明产品获奖级别、时间、颁奖部门的广告，处人民币1 000元以下罚款。

6. 对发布无合法证明或证明不全广告的处罚。《广告法》规定，广告经营者代理、发布无合法证明或证明不全的广告，由广告监督管理机关责令负有责任的广告主、广告经营者、广告发布者停止发布，没收广告费用，并处广告费用1倍以上5倍以下的罚款。

7. 对广告主伪造、涂改、盗用或擅自复制广告证明的处罚。《广告法》规定，广告主提供虚伪证明文件的，由广告监督管理机关处以人民币1万元以上10万元以下罚款。伪造、变造或者转让广告审查决定文件的，由广告监督管理机关没收违法所得，并处人民币1万元以上10万元以下的罚款；构成犯罪的，依法追究刑事责任。

8. 对为广告主出具非法或虚假广告证明的处罚。《广告法》规定，广告审查机关对违法的广告内容作出审查批准决定的，对直接负责的主管人员和其他直接责任人员，由其所在单位、上级机关、行政监察部门依法给予行政处分。《广告法》还规定，广告监督管理机关和广告审查机关的工作人员玩忽职守、滥用职权、徇私舞弊的，给予行政处分；构成犯罪的，依法追究刑事责任。

9. 对广告经营过程中的垄断和不正当竞争行为的处罚。对在广告活动中进行垄断或不正当竞争的，视其情节予以通报批评，没收非法所得，处人民币 5 000 元以下罚款或责令停止整顿。

本单元知识结构图

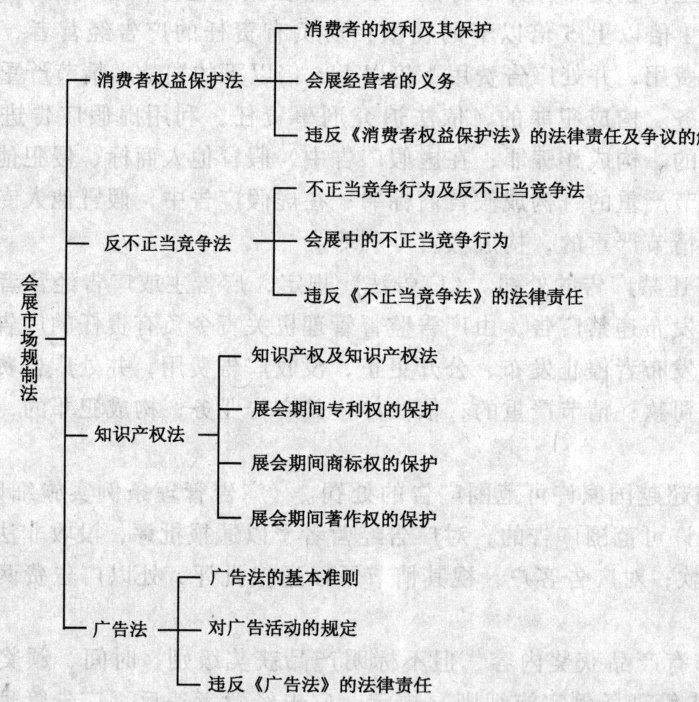

关键词

市场规制法　消费者权益保护法　反不正当竞争法　知识产权法　广告法

练习与实训

一、填空题

1. 市场规制法指调整__________关系，保护________、________和______的法律规范总称。

2. 消费者权益保护法的基本原则体现着该法的________和________，决定着该法的________和________。

3. 专利权的客体，是依法取得专利权利的发明创造。分为________、________和________三类。

4. 商标包括________、________、________、________等种类。

5. ________是具有平等民事主体地位的广告活动主体之间，为实现预期的目的，明确相互权利义务而订立的协议。

二、单项选择题

1. 对消费者权利的实现直接提供法律保障的，是(   )。

A.《反不正当竞争法》　　B.《消费者权益保护法》

C.《著作权法》　　D.《专利法》

2. 下列行为属于侵犯专利权行为的是(   )。

A. 专利权人制造或经专利权人许可制造的专利产品出售后，使用或销售该产品

B. 在专利申请日前已经制造相同产品、使用相同方法且仅在原有的范围内继续制造、使用

C. 仿制他人的专利产品并在市场上销售

D. 为生产经营目的使用不知道是未经专利权人许可而制造并销售的专利产品，但能证明其产品合法来源

3. 著作权人依法通过各种方式利用其作品能带来经济效益的权利叫(   )。

A. 著作署名权　　B. 著作收益权

C. 著作财产权　　D. 著作转让权

4. (   )是调整在市场交易活动中经营者之间关系的法律。

A.《反不正当竞争法》　　B.《消费者权益保护法》

C.《知识产权法》　　D.《广告法》

5. 下列哪项可以授予专利权？(   )。

A. 科学发现　　B. 疾病的诊断和治疗方法

C. 智力活动的规则和方法　　D. 动物和植物品种的生产方法

三、多项选择题

1. 以下属于消费者权利的有(   )。

A. 安全保障权　　B. 真情知悉权

C. 公平交易权　　D. 依法结社权

2. 以下哪些构成不正当竞争行为？(   )。

A. 违法行为人明知自己的行为与诚实信用的商业道德相悖，但是，仍为了最大限度地追求利润而滥用自身的经济优势或采取违法手段

B. 已实施违法行为但尚未造成损害结果

C. 违法行为人具有违反法律、法规所禁止的行为

D. 违法行为与损害结果之间存在因果关系

3. 展会的知识产权侵权主要有哪几种类型？(　　　　)。

A. 窃取商业秘密　　　　B. 专利侵权

C. 软件侵权　　　　D. 商标侵权

4. 以下可以表明广告活动主体间关系的广告合同有(　　　　)。

A. 广告发布业务合同　　　　B. 广告制作合同

C. 广告市场调查合同　　　　D. 广告代理协议

5. 授予发明和使用新型专利权的条件是必须要同时具备(　　　　)。

A. 新颖性　　　　B. 独一性

C. 创造性　　　　D. 实用性

四、判断题

1. 知识产权一种新型的民事权利，是基于智力成果而产生的权利，是有形财产权。(　　)

2. 所有的发明创造都可以被授予专利权。(　　)

3. 我国对著作权采取自动保护的制度，作品一经创作完成即取得著作权。(　　)

4. 我国绝对禁止对比性广告。(　　)

5. 著作人身权专属于作品的作者，通常不得转让、继承和放弃。(　　)

五、简答题

1. 我国《消费者权益保护法》规定了经营者有哪些义务？

2. 什么叫知识产权？知识产权有哪些特征？

3. 专利申请应遵循哪些原则？

4. 请简述商标的作用。

5. 根据我国《广告法》的规定，一般商品广告应当遵循哪些准则？

六、案例分析

2006年10月4日，在法国巴黎举行的世界制药原料展览会上，来自中国的3家参展药企的6名医药代表遭到法国内政部打击侵权假冒部门的扣押，并停止了正常的参展。据悉，这些来自中国的医药代表在展会上以邮购方式向观众出售一种名叫Rimonabant减肥药的原料药，而该减肥药的专利拥有者“赛诺菲—安万特”集团认为中国3家参展企业展览、交易的原料药产品侵犯了其对原研究药物的专利权，并据此以“有组织的团伙冒牌制造专利保护产品”等罪名提起诉讼。11月14日，法国警方释放了被扣押的6名医药代表，而这场专利权侵权诉讼至今也未有明确的结论，乃至中国一些媒体认为中国药企被“冤杀”。中国药企“巴黎门”事件不仅导致中国药企在这次展会遭受巨大损失，并对中国的国际形象造成了消极影响。

想一想：

(1) 中国药企这次在海外展会被“冤杀”，反映了什么问题？

(2) 为了避免侵犯他人专利权，中国出境参展企业应注意哪些方面？

七、知识拓展

要求：上网查找《中华人民共和国消费者权益保护法》、《中华人民共和国反不正当竞争法》、《中华人民共和国专利法》、《中华人民共和国商标法》、《中华人民共和国著作权法》、《展会知识产权保护办法》、《中华人民共和国广告法》，并仔细阅读各条款。

第四单元 DISIDANYUAN

会展安全管理与风险转嫁规制

学习目标

- □ 知晓不同展会办展备案的归口部门
- □ 熟悉会展消防报批和审核手续
- □ 掌握会展防火规定和法律责任
- □ 知晓会展风险的种类
- □ 熟悉会展风险的保险转移和非保险转移方法

案例导读

上海国际珠宝展览会被盗案

2004年5月13日下午4时左右，第四届上海国际珠宝展览会上某饰品参展公司的一只装有小颗粒成品钻石（约2 100余克拉）的背包被盗，总价值69万美元。按照惯例，下午5时展馆将进行清场，所以下午4:30左右，上海国际珠宝展就不再接受参观者入场，展商也陆续收回展品。就在短短的几分钟之内，此参展公司的工作人员发现一只装有小颗粒成品钻石的背包不翼而飞。

接到报案后，长宁区公安分局民警迅速赶赴现场展开调查。参展商回忆说，就在4时左右有几个外国人在展台索要名片，说着听不懂的话，等他们走后，背包就被发现不见了。通过对展馆内录像资料的分析，警方发现下午3时在失窃公司展台附近走动的人当中，几名外国人曾频繁出现在该公司展台周围。其中，一名红色头发的外国女子尤其引人注目。根据为参展商提供餐饮服务的某俱乐部工作人员提供的该女子的相貌特征，民警向上海广播交通频道求助。在出租车司机的机智配合下，从5月17日晚开始，犯罪分子接连落网，到5月18日上午，共有二十余名外国犯罪嫌疑人被抓，赃物也被全部起获。警方证实：犯罪分子是来自哥伦比亚、墨西哥、委内瑞拉、哥斯达黎加、智利和秘鲁等国家的跨国盗窃集团成员。

（资料来源：青岛新闻网）

想一想：

1. 会展活动中除了有被盗风险之外，还存在哪些安全隐患？

2. 为什么要关注会展安全问题？

会展活动是一个汇集人流、物流、信息流的公共平台，参展商会充分利用这一短暂的时间宣传、销售自己的产品，而对展会活动中的安全问题顾及不多。这就要求会展活动的组织者要加强对展会的安全管理，建立健全会展安全保障体系。这是关系展会参展商及观众财产安全和生命安全的大事，是关系展会是否成功举办的关键。

本单元从与会展相关的安全问题切入，着重介绍会展安全管理工作的三大内容：会展治安保卫工作规制、会展消防安全管理规制以及会展风险转嫁规制。

模块一　会展治安保卫工作规制

一、展览展销备案

为保证会展活动顺利进行，使得会展活动前后及举办期间能够得到相关部门的有效协助，杜绝恶性及重大危机的发生，举办各种形式的展览展销活动都得按照我国《各类商品和技术交流活动管理试行办法》和《商品展销会管理办法》的有关规定进行备案。

（一）国内展实行大型活动备案制

根据《国务院关于取消第一批行政审批项目的决定》（国发［2002］324 号）文件精神，国内会展活动的申报审批制改为由政府主管部门按大型活动备案制管理。

（二）国际展实行分级审批制

2004 年 6 月 17 日，由中国贸促会、外交部、商务部、公安部和海关总署五部门会签的《关于进一步加强出国举办经济贸易展览会管理工作有关问题的通知》明确规定，国际展览主、承办单位资格审批取消后，对举办 1 000 平方米以上的国际展实行分级审批。具体举办单位须按举办展会的性质报商务部、科技部、贸促会等有关主管部门审批，海关凭主管部门批件办理相关手续。面积在 1 000平方米以下的国际展，各单位可自行举办，但须报有关主管单位备案，海关凭主管部门备案证明办理相关手续。

根据原外经贸部有关规定，组织企业出国参加和举办经贸展览会的单位，须经原外经贸部审核，获得出国（境）举办经济贸易展览会组办单位资格，其出国办展须征得我驻外使领馆同意后报贸促会批准。各组展单位和参展单位凭贸促会的批准文件到外事、外经贸、海关、出入境检验检疫和外汇管理部门办理有关展品、人员出国等手续。未经批准，任何单位不得出国办展。

1. 以国务院部门或省级人民政府名义主办的国际展览会、博览会等，须报

会展安全管理

是指为确保会议场所和展览场馆的安全，保障客人、员工的生命、财产而进行的一系列计划、组织、指挥、协调、控制等管理活动。

国务院批准。对国务院已批准的以国务院部门或省级人民政府名义主办的对外经济技术展览会，如需再次举办，由商务部受理申请，对符合国家产业政策及当地产业特点、达到一定办展规模和办展水平、企业反映良好且取得较好社会经济效益的，由商务部直接审批，并报国务院备案；经审核不宜或不宜再次举办的，由商务部提出处理意见，报国务院审批后函复主办单位。

2. 国务院部门所属单位主办的以及境外机构主办的对外经济技术展览会，报商务部审批。对在北京以外地区举办的，主办单位须事先征得举办地外经贸主管部门同意。

3. 省级外经贸主管部门主办的和多省(自治区、直辖市)联合主办的对外经济贸易洽谈会和出口商品交易会,由商务部审批。地方其他单位主办的对外经济技术展览会,由所在省、自治区、直辖市外经贸主管部门审批,并报商务部备案。

提示：

有关国际国内各类展会的申报审批材料及程序在第六单元和第七单元有更详细的论述。

4. 凡以科研、技术交流、研讨为内容的展览会，由科学技术部负责审批。

5. 中国国际贸易促进委员会系统举办的对外经济技术展览会，由中国国际贸易促进委员会审批并报商务部备案。对其中在北京以外地区举办的，主办单位应事先征得举办地外经贸主管部门同意。

6. 对外经济技术展览会凡涉及中国台湾地区厂商或机构参展的，应报商务部审批，报国务院台湾事务办公室备案。海峡两岸的经济技术展览会，由商务部会同国务院台湾事务办公室审批。

二、治安保卫工作方案

在会展安全方面，我国目前尚无专门的法律法规进行规范，只有参照执行相关法律法规，如《中华人民共和国治安管理处罚条例》以及各省市制定的《公共场所治安管理办法》等。

1. 明确保卫工作目标。会展治安保卫工作的核心和首要目标是确保会议场所和展览场馆的安全，包括各种参展人员（会展主办方、展览场馆、参展商和观众等）的生命、财产安全；参展商的商业秘密以及隐私安全；会展内部的服务和经营活动秩序、公共场所秩序保持良好的安全状态等。

2. 成立组织机构。会展主办方要专门成立保卫部门，实行安全保卫责任制，按照“谁主管、谁负责”的原则，配备好一定数量的专兼职保卫人员，做好大会和展馆的安全保卫工作。

3. 制订工作职责如下：

（1）制订会展安全保卫工作方案和措施，制订突发事件处理预案，全面负责会展的治安、交通、消防等安全保卫工作。

（2）协调各级公安部门行动，为会展活动创造安全良好的社会环境。

（3）提前开展对来宾住地宾馆、活动场所、交通线路等安全检查，落实安全防范措施。

（4）做好会展开幕式等重要活动和国家领导人及重要来宾安全保卫工作。

（5）指导各参展商做好本展台的安全保卫工作。

（6）做好重要活动的安全保卫工作。

(7) 做好大会期间展馆内外治安秩序管理、消防安全管理及意外事故的查处等。

(8) 加强情报信息工作，及时了解并处理各种安全隐患。

4. 落实具体任务。

(1) 驻地安全保卫工作如下：①大会前，对来宾下榻的宾馆开展全面的治安、消防、交通及宾馆内锅炉、电梯等设施安全大检查，督促宾馆及时整改存在问题和查处不安全隐患，事后进行复查，确保内部安全。②大会期间，做好内部安全防范工作，落实安全防范措施；对接待重要来宾的宾馆派出专人进驻，确保宾馆内活动及来宾的生命、财产安全。

(2) 现场安全保卫工作如下：①事先加强对各活动场馆进行治安、消防、交通等安全检查，发现安全隐患及时整改，确保展馆交通、消防等安全通道畅通，安全措施落实。②对重大活动制订详细安全保卫工作实施方案，确保各项活动安全有序地进行。重点要做好开幕式和有重要领导人、重要来宾参加的重大活动的安全保卫工作。③对展览场馆加强防火、防盗等安全防范，做好现场秩序维护工作，确保展览会安全顺利地进行。

(3) 交通安全保卫工作如下:①事先对各重要活动场馆、接待宾馆进行实地勘查,制订合理、高效的交通保卫方案;②活动期间作好重要来宾车队的交通安全保卫;有效指挥各重要活动场馆车辆的停放、调度管理,保障车辆进出有序。

(4) 消防安全保卫。对重要活动场所、来宾住地宾馆加强消防安全检查，落实消防安全措施，确保不发生火警事故。

(5) 重要宾客保卫。重点协助公安部门做好中央、部、省级领导及重要来宾的安全保卫工作。

三、保安服务单位的任务

会展保安服务单位的安全管理要本着“宾客至上，服务第一，预防为主，谁主管谁负责，群防群治和内松外紧”的基本原则，着重抓好以下几个方面的工作：

1. 加强教育，提高认识。会议场所和展览场馆是一个综合服务场所，需要提高对安全保卫工作的认识，尤其是要摆正以下三个方面的关系：一是**摆正正常工作和安全工作的关系**，切忌“说起来重要，做起来次要，忙起来不要”，埋头日常工作而把安全工作置于脑后。二是**摆正经济效益与社会效益的关系**，不能因为追求经济效益而忽视安全投入，要坚持两个效益一起抓。三是**摆正专职和兼职的关系**。应遵循“事事有专人”的原则，人人确立既是工作人员、参展人员、参观人员，又是安全人员、消防人员的思想，发挥“专兼结合，群防群治”的作用。

2. 制订计划，认真实施。保安服务单位的会议场所和展览场馆安全计划的内容应该包括以下内容：

(1) 会展人员安全计划。主要包括人口控制、电梯控制、走道安全、客人失物处理、客人伤病处理、员工劳动保护措施、个人财产安全、保护员工避免遭外来袭击等内容。

(2) 会展消防计划。主要包括消防安全告示、火灾报警、火灾后各部门应采取的行动、火灾疏散程序等内容。

(3) 会展施工安全计划。主要包括用电安全计划、超高攀爬规定、施工现场戴安全帽等内容。

(4) 会展紧急事故处理计划，也称做应急预案，要围绕各种可能出现的问题提前制订出应急措施。常见的主要是关于客人伤病、客人死亡、客人违法、客人报失、遇到自然灾害等情况的处理办法。

3. 健全制度，落实责任。健全制度包括选好人，把好进口关；加强教育，打牢队伍基础；坚持岗位培训，提高业务素质；强化制度管理，树立保安形象；建立流动淘汰机制，确立保安队伍的内部纯洁。

保安服务单位还要紧抓关键环节，这一关键环节包括关键部位、关键时刻和关键对象等。所谓**关键部位是指容易发生安全问题的地点**，如展馆中摄像头的“死角”；所谓**关键时刻是指容易发生安全问题的时间**，如展览的开馆和闭馆时间；所谓**关键对象是指容易发生安全问题的人物**，如一些有“前科”人员的进入。

上述制度还要落实到人，只有落实到人的制度才能落实责任，才能真正消除安全隐患。

相关链接

中国出口商品交易会治安管理规定

为了维护中国出口商品交易会（简称“广交会”）的良好秩序，防止各类事故的发生，确保大会安全，依据社会治安有关管理规定，制定本规定：

1. 各商会、交易团应成立保卫组，由团长、会长担任组长（为本单位广交会期间安全保卫第一责任人）。同时，要配备一定数量的专职保卫干部，协助做好大会和展馆的安全保卫工作。

2. 实行安全保卫责任制，按照“谁主管、谁负责”的原则，制定安全保卫防范措施，加强宣传教育和管理，提高与会人员安全防范意识，确保大会安全。

3. 全体与会人员须高度重视安全工作，自觉遵守大会各项规定，共同维护大会秩序。不参与法轮功邪教组织等非法活动，提高警惕，预防各类事故的发生。

4. 从筹展之日起，所有进馆人员须将证件挂在胸前，服从和配合保卫人员检查。不准将证件转借他人和带无证人员进馆，违者按有关规定给予处罚。

5. 妥善保管好展样品和个人随身物品。每天闭馆前，要将贵重展样品存放展柜和保险柜内，或采取其他有效保护措施，并由专人负责看守和管理，参展商应按时进馆，并请不要提前退馆，以确保展样品安全。

6. 陈列的刀具、枪支等展样品要有专人看护，妥善保管，上、下班要清点数目，防止被盗。

7. 剧毒品、易燃易爆和放射性等展样品，只能使用仿制代用品，严禁携带实物进入展馆。

8. 展馆展位装修、搭建参照《中国出口商品交易会展馆防火规定》（以下简称《展馆防火规定》）执行。展样品的陈列须按规定摆放，任何单位和个人不得将展样品摆在展位外的任何地方。要服从大会检查组、保卫人员的检查纠正。

9. 认真做好安全防火工作。各单位要切实贯彻执行《展馆防火规定》，加强对所属人员的安全防火教育，做到防火工作人人皆知、自觉遵守，确保安全。

10. 展馆内（包括展场、展位、办公室、仓库、通道、楼梯或电梯前室和天桥等场所）严禁吸烟，违者按章处罚。吸烟者可到大会设置的吸烟区吸烟。

11. 筹展期间，运送展样品的汽车进入大院后，按指定地点临时停放，卸货后即驶出大院。搬运展样品出大院时，须凭交易团出具的放行条，经门卫人员查验后放行。

12. 进入大院的汽车须服从交通管理人员的指挥，按规定路线行驶，按指定位置停放。

13. 大会期间，凡拾获的各种物品应及时送交大会保卫办展馆保卫科（6号馆2楼6277房）登记处理，不准自行保管和擅自处理。

以上规定，请大家严格遵守，共同维护大会秩序，保证大会安全。

大会保卫办电话：020—×××××××××

展馆保卫科电话：020—×××××××××、×××××××××

模块二　会展消防安全管理规制

一、布展消防报批与审核

在会展场馆内举办的各类展览会必须在举办前向相关公安消防部门申报消防审批事宜，在取得消防部门批复同意后方能举办。有关报批手续和程序如下：

1. 向主办方上级主管部门的保卫消防部门申报。

（1）申报材料。除了上述向主办方上级主管部门的保卫消防部门申报的材料之外，还应递交上级主管部门的保卫消防部门对展览会的初审意见的相关材料以及公安消防部门对展览馆的建筑消防审核材料。

（2）报送时间：①有特装的展览会，进场前1个月报送材料；②没有特装的展览会，进场前10天报送材料。

（3）报送相关公安消防部门时间。上级主管部门的保卫消防部门初审同意，取得消防初审意见后，在进场前7天，送相关公安消防部门。

2. 向相关公安消防部门申报。

（1）申报材料：①消防安全检查申报表。②上级主管部门的保卫消防部门对展览会的初审意见。③举办展览会的报告。④展览会的消防管理制度、展览会的灭火疏散预案。⑤举办展览会的工商批文和企业的营业执照复印件。⑥展览会的摊位平面图。要求标明人员疏散通道的设置、宽度尺寸。通道设置要符合要求。⑦特装摊位图纸，包括平面图、立面图、剖面图、电路图、效果图、使用装修材料的文字说明。⑧公安消防部门对展览馆的建筑消防审核材料。

(2) 报送时间。在进场前 7 天，将申报材料送相关公安消防部门申报窗口。

(3) 领取批复时间：从受理之日起 5 个工作日。

3. 领取相关公安消防部门消防检查意见书后，复印一份送上级主管部门的保卫消防部门备案。

4. 开幕前，相关公安消防部门会同有关单位对展览会进行安全检查。

二、对参展商的防火规定

1. 参展单位要认真贯彻落实《消防法》和会展有关规定，按照“谁主管、谁负责”的原则，制订消防工作防范措施，严格落实防火责任制。参展单位的负责人是各自展位的消防安全责任人，要全面履行消防安全职责，加强检查管理，发现问题及时解决，把火灾事故隐患消灭在萌芽状态。

2. 展馆内严禁吸烟。

3. 参展单位严禁携带和展出易燃易爆、剧毒、放射性物品和压力容器；严禁使用碘钨灯、高压泵灯等高温灯具和电熨斗、电炉、电水壶等电热器具；严禁使用不符合安全要求的电气产品、动火焊接及使用明火作业。

4. 展位、展品、广告牌的布置不得占用消防通道和安全疏散通道，消防黄线内严禁布展。

5. 参展单位不得在进出口通道、人行通道、火情报警点、防火卷帘门、消防水龙头、强弱电地插等处摆、挂、贴及钉各类展品、宣传品、设备及任何其他物体，不得使用建筑物或装饰品堵塞通气口和排气口、通风活门、气道。

6. 按照消防部门的要求，使用非易燃易爆材料或经阻燃处理的材料进行展台搭建。

7. 参展单位不得擅自移动展馆内消防设备，不得掩盖和遮挡烟感器和监视摄像机头。喷淋喷头下方必须至少保持 50 厘米的净空间。

8. 参展人员进馆后应了解展厅疏散路线、室内消防栓、灭火器和手动报警器的位置。发生紧急情况时，要保持冷静，服从公安、保卫人员以及展览馆工作人员的指挥。

9. 特装展位的搭建按规定不得超高，双层展位必须得到博览中心和消防、安全部门的书面批准。

10. 参展公司应及时发现并消除火灾隐患，发现火灾应立即组织扑救，启动手动报警器报警，或向展览馆或展览会主办方工作人员报告，或拨打“119”电话报警。

相关链接

中国出口商品交易会展馆防火规定

为做好中国出口商品交易会（以下简称广交会）展馆的安全防火工作，依据《中华人民共和国消防法》（简称《消防法》）和有关规定，结合广交会展馆需要，制定本规定：

一、实行消防安全责任制

1. 各商会、交易团的会长、团长以及各展位的负责人为相应的各展区、团、展位的第一防火责任人。

2. 各单位要认真贯彻落实《消防法》和外贸中心消防工作有关管理规定，按照“谁主管、谁负责”的原则，制订消防工作防范措施，并严格落实防火责任制，加强检查管理，发现问题及时解决，把火灾事故隐患消灭在萌芽状态。

3. 各第一防火责任人对所在展区、团、展位安全防火工作负全责。

二、全馆禁止吸烟

广交会展馆内（包括办公室、大厅、会议室、展位、仓库、走廊通道、天桥、楼梯或电梯前室、卫生间、咖啡室等地）禁止吸烟。违者将视情节参照《消防法》有关规定给予批评教育、吊扣或没收证件、通报批评、清出馆外等处罚。对外商违章吸烟者，进行批评教育，屡劝不改者，按照外国公民有关管理规定进行处理。

三、消防通道始终保持畅通无阻

1. 馆内主通道宽度不得小于3米，关键通道宽度不得小于5米。

2. 严禁在展位以外的任何地方（包括楼梯或电梯前室、通道等）摆放展样品，违反者除没收外，给予通报批评；不得将展品悬挂在消防、配电、空调设施或天花板上，违者造成设施损坏和不良后果的，除按价赔偿外，还要追究相关责任。

3. 筹、拆展期间，各种装修材料、展样品不得堆放在展厅门口或展馆通道上，以免堵塞消防通道。

4. 安全管理人员将对违规摆放的物品进行清理，清理中造成的任何损失和产生的费用由物主承担。

四、各类装修、搭建须经消防技术审核

凡进馆进行各类装修（含中心展台、灯箱、广告牌、霓虹灯等）的建设单位，不论装修面积大小，须依据《中国出口商品交易会布展施工管理规定》，将施工图图纸（包括平、立、剖面图和效果图、电路图）及装修材料文字说明报送广交会审核，经初审后送公安消防机构审批，领取了消防批文、办理了施工证和进馆证后，方可施工布展。对未经批准擅自装搭的展位，按有关规定给予处罚。

五、各类装修用材、用料使用管理规定

1. 展馆内不得使用未经阻燃处理的草、竹、藤、纸、树皮、泡沫、芦苇、可燃塑料板、可燃地毯、布料和木板等物品做大面积的装修和装饰用料。

2. 所有装修和装饰材料均应采用不燃或难燃材料。内地参展人员需在当地预先制作展台、展架半成品的，所使用的不燃材料应有当地公安消防部门检验的合格证，并将合格证的复印件在进场施工前送广交会审图组核实、备案。

3. 如当地没有公安消防部门认可的难燃材料，而参展商又需在当地将装修物制作成半成品后再到广交会进行组装的，经大会保卫办消防安全监督人员同意，可按照每平方米涂0.5公斤油性防火漆（黄色）进行处理，但须在进馆筹展安装的，到消防咨询点办理有关消防手续，并经大会保卫人员检查后方可进馆安装。

六、保证消防设施完好和正常运转

1. 各参展代表应自觉爱护展馆内的各种消防器材和设施，保证消防设施完好和正常运转。

2. 消防栓和灭火器材前1.5米范围内不得摆放任何物品，严禁阻挡、圈占、损坏和挪用消防器材。

3. 馆内装修构架（含展品、灯箱等）须与天花板保持0.8米以上的净空，无天花板的展馆应离设备层0.5米，所有展位及装修不得以任何形式封顶，确保消防报警系统和自动喷淋灭火系统的功能正常发挥。

七、电气设备的安装应符合防火安全要求

1. 电气产品的安装、使用和线路、管道的设计铺设须符合国家有关消防安全技术规定，同时，电气安装须按照《广州地区电气设备装置规程》的要求进行施工。

2. 各建筑施工单位进场布展前，应将用电负荷报技术保障部审核，施工完毕，经该部配电维修科派员检查后方可通电。

3. 各展位安装的电器产品，其电线应使用有公安消防部门检验合格（应有检验证书或标识）的难燃导线并套金属管或难燃套管敷设，按用电要求做好接地体的跨接；地毯下的电线不得有接口；敷设在过道地面的电线，必须加以保护；不得使用双绞线（花线）、铝芯线等。如各地区没有公安消防部门检验合格的难燃电线，一律使用广州市公安消防局检验认可的难燃电线，以保证馆内用电安全。

4. 广告牌、灯箱、灯柱内须留有对流的散热孔，日光灯整流器应采用消防科研单位检验合格的产品或合格的电子产品。

5. 各展位的筒灯、射灯、石英灯等灯具的安装须与展品、装饰物等保持30厘米以上的距离，并应加装接线盒，电线不准外露。

6. 展馆各展位不准使用电水壶、电炉、电熨斗等大功率电器设备，如确实需要使用，须申请批准后方可使用。碘钨灯一律要有防护罩保护；二楼以上严禁安装霓虹灯。

7. 为保证展场的安全，礼品、装饰品、玩具三个展区除重点布展区域及预置的灯具外，原则上不得增设任何照明设备。

8. 重点展区和自行搭装的展位、中心展台等，须有专职电工留馆值班。

八、严禁携带易燃易爆等化学危险品进入展场

1. 不准将烟花、爆竹、汽油、煤油、酒精、天那水、氢气以及保卫部门认为可能威胁展馆安全的物品带入馆内。以上展样品只能使用代用品。广交会闭幕后，所有化工展样品由参展单位自行清理带出馆外。

2. 施工、机械操作表演确实需要用汽油、天那水、酒精等易燃液体或明火作业（电焊、气焊）的，使用前24小时须报广交会审图组审批，批准后，派专人负责管理，确保安全。

九、包装材料应及时清出馆外

筹展期间使用的展样品包装箱、纸屑等杂物务必在大会开幕前及时清理出馆外，严禁将其存放在展位内、柜顶或展位板壁背后，如有违反，按有关规定严肃处理。

十、认真做好闭馆前的清场工作

1. 广交会每天闭馆前，各参展代表应积极配合保卫人员做好清场工作。

2. 清场的主要内容有：(1) 清除展位内的可燃杂物、火种和其他灾害隐患；(2) 切断本展位的电源；(3) 保管好贵重物品和关好门窗。

本规定自公布之日起实施。如有违反并造成事故或严重后果的，视情节依照《消防法》给予处罚，并依法追究有关人员的法律责任。

此规定已报广州市公安消防局备案。

三、法律责任

违反消防法规的法律责任是指行为人（公民、法人或其他组织）由于违反消防法规所应承担的法律后果。对违反《消防法》及其他消防法规的单位和个人实施处罚，能够达到减少火灾隐患，保护公民人身安全、公共财产和公民财产的目的。

（一）刑事处罚

1. 失火罪。

(1) 失火罪的概念。**失火罪指行为人过失引起火灾，造成致人重伤、死亡或者使公私财产遭受重大损失的严重后果，危害公共安全的行为。**

(2) 失火罪的主要特征：①客观方面，必须有造成危害公共安全的严重后果。如果仅有失火行为而没有造成严重后果，或者损失轻微，不构成本罪。②主观方面，行为人主观上是过失，即行为人应当预见自己的行为可能发生危害社会的结果，由于疏忽大意没有预见或者已经预见而轻信能够避免，以致发生这种结果。前一种为疏忽大意的过失，后一种为过于自信的过失。

（3）失火罪的刑罚。根据《中华人民共和国刑法》第一百一十五条第二款的规定，对失火罪的处刑是处3年以上7年以下有期徒刑；情节较轻的处3年以下有期徒刑或者拘役。

2. 消防责任事故罪。

（1）消防责任事故罪的概念。**消防责任事故罪是指违反消防管理法规，经消防监督机构通知采取改正措施而拒绝执行，因而造成严重后果、危害公共安全的行为。**

（2）构成要件：①本罪的主体为一般主体；②侵犯的客体是公共安全；③主观方面是过失。所谓过失，是指行为人对所发生的严重后果而言，而对于违反消防管理规定，经公安消防监督机构通知采取改正措施而拒绝执行则是明知的；④客观方面表现为违反消防管理法规，经消防监督机构通知采取改正措施而拒绝执行，因而造成严重后果的行为。

（3）刑罚。根据《中华人民共和国刑法》第一百三十九条规定，对消防责任事故罪的处刑是造成严重后果的，对直接责任人员处3年以下有期徒刑或者拘役；后果特别严重的，处3年以上7年以下有期徒刑。

3. 其他相关犯罪及刑罚。除失火罪、消防责任事故罪以外，《刑法》中规定的应受刑事处罚的几种犯罪也与消防管理有关：

（1）**放火罪**，是指用放火的手段破坏工厂、矿场、油田、港口、河流、水源、仓库、住宅、森林、农场、谷场、牧场、重要管道、公共建筑物或者其他公私财产，危害公共安全的行为。

（2）**非法携带枪支、弹药、管制刀具、危险物品危及公共安全罪**，是指非法携带枪支、弹药、管制刀具或者爆炸性、易燃性、放射性、毒害性、腐蚀性物品，进入公共场所或者公共交通工具，危及公共安全的行为。

（3）**重大责任事故罪**，是指工厂、矿山、林场、建筑企业或者其他企业、事业单位的职工，由于不服管理、违反规章制度或者强令工人违章冒险作业，因而发生重大伤亡事故或者造成其他严重后果的行为。

（4）**危险物品肇事罪**，是指违反爆炸性、易燃性、放射性、毒害性、腐蚀性物品的管理规定，在生产、储存、运输、使用中发生重大事故，造成严重后果的行为。

（5）**生产、销售不符合安全标准的产品罪**，是指生产不符合保障人身、财产安全的国家标准、行业标准的电器、压力容器、易燃易爆产品或者其他不符合保障人身、财产安全的国家标准、行业标准的产品，或者销售明知是以上不符合保障人身、财产安全的国家标准、行业标准的产品，造成严重后果的行为。

（6）**妨碍公务罪**，是指以暴力、威胁方法阻碍国家机关工作人员依法执行职务的行为。故意阻碍国家安全机关、公安机关依法执行国家安全工作任务，未使用暴力、威胁方法，造成严重后果的，也构成此罪。

（7）**滥用职权罪、玩忽职守罪**，是指国家工作人员滥用职权或者玩忽职守，致使公共财产、国家和人民利益遭受重大损失的行为。

（二）行政处罚

《消防法》设定了警告，罚款，没收产品和违法所得，责令停止施工、停止使用、停产停业，行政拘留共五类处罚。

（三）行政强制措施

行政强制措施是指行政机关为了预防、制止或者控制危害社会行为的发生，确保行政执法的顺利进行和行政决定的执行，依法对有关行为人的人身、财产加以暂时的限制，使其保持一定状态所采取的强制性手段的具体行政行为。

消防行政强制措施可分为：

1. 责令停止举办。《消防法》规定，擅自举办大型集会、焰火晚会、灯会等群众性活动，具有火灾危险性的行为，公安消防机构应当责令其当场改正，当场不改的，责令停止举办。

2. 责令停止使用。公安消防机构发现随时有可能发生火灾危险的部位或者设施，有权责令有关单位和人员立即改正或者停止使用。

这里所说“部位或设施”是指违反现行消防法律、法规、规章或消防技术标准的规定，随时有可能发生火灾且发生火灾后将造成一定危害后果的部位或设施。本条所针对的是“随时可能发生火灾危险”的情况，应立即改正，其目的是为了更有效地防止火灾事故的发生。本项所指的“立即改正”和“停止使用”是一种强制措施，而不是行政处罚。

3. 强制传唤，是指公安消防机构为调查违法行为而命令有违法行为嫌疑的人到指定地点说明情况的行政强制措施。《消防监督检查规定》第十九条规定，公安消防机构为督促整改火灾隐患或者依法实施处罚时，根据需要可以传唤有关人员。传唤时，应当使用“传唤证”；不接受传唤或者逃避传唤的，可以强制传唤。强制传唤可以使用械具。

模块三　会展风险转嫁规制

一、会展风险分类及识别技术和方法

风险是指未来的不确定性对企业实现其经营目标的影响。会展风险直接影响到会展活动是否达到预期目标。

（一）会展风险的种类

1. **物质损失风险**，包括各种财产和物资从运输、安装、参展、拆除、再运输的整个过程中，由于自然灾害或以外事故引起的直接经济损失。

2. **财物损失风险**，包括财产和物资在上述过程中遭受物质损失，或会展所在地发生诸如战争、恐怖袭击、环境污染、疾病爆发等灾难性事件，导致会展推迟或取消，给组织者或参展者造成的损失。

3. **法律责任风险**，包括会展组织者或参展方在展览过程中由于疏忽或过失，

造成其他方的财产损失或人身伤亡，根据法律规定需要承担的赔偿责任。

4. **人员损失风险**，包括组织者、参展方的员工或临时雇用人员在展览过程中由于自然灾害或意外事故受到的人身伤害。

（二）风险识别的技术和方法

风险识别是一项复杂的工作，需要做大量细致的工作，要对各种可能导致风险的因素去伪存真，反复比较；要对各种倾向、趋势进行推测，作出判断；还要对项目的各种内外因素及其变量进行评估。

风险识别的主要任务就是找出各种潜在的危险并作出对其后果的定性估量，不要求做定量的估计，有些危险很难在短时间内用统计的方法、实验分析的方法或因果关系论证得到证实（如市场需求的变化对会展项目经济效益的影响，同类展览项目对本项目的竞争影响等）。具体识别时，主要采用以下方法：

1. **头脑风暴法，又称集思广益法，是以专家的创造性思维来索取未来信息的一种直观预测和识别方法。**此法由美国人奥斯本于1939年首创，从20世纪50年代起就得到了广泛应用。头脑风暴法包括搜集意见和对意见进行评价，具体过程如下：

（1）人员选择。参加头脑风暴会议的人员主要由风险分析专家、风险管理专家、相关专业领域的专家以及具有较强逻辑思维能力和总结分析能力的主持人组成。参加的人数一般为5～6人，多则十来人。在参加人员的选择上，应注意使参加者不感到有什么压力和拘束，例如不要有直接领导人参加等。通过主持人的引导、启发，有助于调动每位与会者的经验和智慧火花。主持人要善于创造一个和谐开放的会议气氛，鼓励组员积极参与，这要求主持人反应灵敏，具有较高的归纳和综合能力。

（2）明确会议中心议题。各位专家在会议中应集中讨论的议题主要有：如果开发一个新的会展项目存在哪些风险？通过从国外移植已成熟的知名展览项目方式举办同类展览项目存在哪些风险？这些风险的危害程度如何等。议题可以请两位组员复述，以确保参会者都能正确理解议题的含义。

（3）轮流发言并记录。无条件接纳任何意见而不加以评论。在轮流发言中，任何一个成员都可以先不发表意见而跳过。应尽量原话记录每条意见，与发言者核对表述是否正确。当每个人都曾经在发言中跳过（暂时想不出意见）时，发言即可终止。

（4）对意见进行评价。组员在轮流发言停止之后，共同评论每一条意见，最后由主持人总结出几条重要结论。

头脑风暴法一般适用于探讨的问题比较单纯，目标比较明确、单一的情况。如果问题牵涉面太广，包含的因素太多，那就要首先进行分析和分解，然后再采用此法分步进行讨论。

2. **德尔菲法**，又称专家调查法，是美国著名咨询机构兰德公司于20世纪50年代初发明的，是一种反馈匿名函询法，它主要依靠专家的直观能力对风险进行识别。其基本步骤为：

（1）挑选企业内部、外部的专家组成小组，专家之间不会面，彼此互不了解；

(2) 由风险管理人员提出风险问题调查方案，制定专家调查表；

(3) 请若干专家阅读有关背景资料和项目方案设计资料，并匿名回答有关问题，填写调查表；

(4) 风险管理人员搜集整理专家意见，并把汇总结果反馈给各位专家；

(5) 请专家进行下一轮咨询填表，直至专家意见趋于集中。

3. **检查表法**。检查表是风险管理中用来记录和整理数据的常用工具。用它进行风险识别时，将项目可能发生的许多潜在风险列于一个表上，供识别人员检查核对，用来判断某项目是否存在表中所列或类似的风险。检查表中所列都是历史上类似项目曾经发生过的风险，对项目管理人员具有开阔思路、启发联想、抛砖引玉的作用。检查表可以包括多种内容，如项目成功或失败的原因；项目其他方面规划的结果（范围、融资、成本、质量、进度、采购与合同、人力资源与沟通等计划成果）；项目产品或服务的说明书；项目组成员的技能；项目可用的资源等。

4. **情景分析法**，是通过有关数字、图表和曲线等，对项目未来的某个状态或某种情况进行详细的描绘和分析，从而识别引起风险的关键因素及其影响程度的一种风险识别方法。

情景分析法可以通过筛选、监测和诊断，给出某些关键因素对于风险的影响。情景分析法是一种适用于对可变因素较多的项目进行风险预测和识别的系统技术。

情景分析法对以下情况特别有用：提醒决策者注意某种措施或政策可能引起的风险或危机性的后果；建议需要进行监视的风险范围；研究某些关键性因素对未来过程的影响；提醒人们注意某种技术的发展会给人们带来哪些风险等。

风险识别方法除上述几种外，还有项目工作结构分解法、故障树法、SWOT法、流程图分析法等，可以根据项目的具体情况选择应用，以进行风险识别。

二、会展风险的保险转移

保险是一种通过转移风险来对付风险的方法，近几年来广泛应用在包括会展在内的许多领域。

（一）保险在会展风险管理中的作用

1. 补偿风险损失，保障经济生活安定。保险的根本目的是当被保险人遭受不可预期的损失时，保险人按保险合同向被保险人提供经济补偿，使被保险人在最短的时间内恢复生产和经营以及正常的生活秩序。会展业风险的一个显著特点就是短时间内聚集大量人流，一旦发生意外，受影响面大，如果缺乏保障机制，极易影响民心，造成社会动荡。比如，2003年初面对严峻的“非典”疫情，包括会展业在内的多个行业受到严重打击，如果事前会展业已经投保，得到了经济补偿，则可以大大稳定整个行业的信心。

2. 会展主办方可通过投保增加行业竞争力。近年来迅猛发展的会展业存在的问题不少，包括多头审批、重复办展、竞争无序、法律滞后、从业人员素质良

提示：

目前，国内虽然还没有针对展览业的专门险种，但有很多险种却适用于会展行业，如货物运输险、安装工程险、雇主责任险和公众责任险等。

莠不齐、缺乏行业自律等。因为主办方的原因，收取参展费后突然取消展会的事例也屡见不鲜，这就导致参展商对会展主办方普遍缺乏信心。在这种情况下，如果主办方投保了类似活动取消险的险种，首先，如果保险公司承保，也就表示认可了主办方的信誉，给参展商以信心；其次，即使展会被撤销，保险公司也会对这一损失作出补偿。因此，展览公司可通过向保险公司投保，增加其竞争力。

3. 通过商业手段转移会展风险。在2004年的北京密云灯展踩踏事件中，主办方没有投保公众责任险，最后受害人及其家属只得到了一笔救助资金。这笔救助资金主要来源于政府，还有一部分来自于社会捐助、红十字会、慈善机构等。

从法理上讲，政府在一些公共事件中确实存在过失责任，但是，在更多的情况下政府是一种间接责任。民事赔偿义务人应当是直接责任人。实际上，因为事先主办方没有投保，受害人及其家属无法通过商业手段得到补偿，政府只能扮演最后责任人的角色。有了保险的运作，使参加了保险的企业和个人大大减少了风险带来的种种不确定性，各行业的风险可以较少的代价转移给保险公司。

（二）会展保险的购买

购买保险就是通过投保，使特定风险单位在保险金额或补偿限额之内的风险，能够用固定的保险费来代替。企业通过支付保险费，将风险转移给保险公司，并具有了依照保险合同向保险公司索赔的权利。

国外发达国家在会展业的保险安排方面已经形成了一套体系，为会展提供的保险品种比较齐全。会展组织方通常投保综合险，可以在每次组织展览的时候投保，也可每年投保一次。该险种的保险范围通常包括与责任有关的风险（公众责任、雇主责任等）、财产损失和会展取消的风险。会展的举办场所通常会要求组织方投保相关保险，并将举办地一方列为责任保险保单的附加被保险人，责任限额通常为100万美元，这被视为是会展业的行业惯例。会展举办场所一方通过合同将风险转移给会展组织者。会展参展方也可投保综合险，保险范围包括公众责任险、财产损失和会展取消的风险。

我国的会展业是一门新兴行业，如何对该行业进行风险管理、建立一套有效的符合行业特色的保险保障机制，对我国的风险管理部门及风险经营部门来说，均是一个全新的课题。一些国内保险公司开发了展览会综合责任保险，仅保障会展参与者的法律责任风险。

1. 选择保险险种。决定了投保以后，就要考虑具体的投保方案，选择保险险种。对于一些特定的企业来说，有些风险存在，有些风险不存在；有些风险大，有些风险小，这就决定了企业面临一个选择保险险种的问题。有些险种是必须投保的，这包括法定保险，由合同规定的保险项目和威胁企业生存的巨灾损失保险，有些风险是某些特定企业特有的，可以选择相关的险种和附加险。另外，大型企业或特大型企业自己承担风险的能力强，可以选择投保风险较大的险种和保险标的，并且可以自担相当大部分风险，使用较高的免赔额或投保损失保险。

2. 确定保险金额。保险金额是保险人承担赔偿或给付保险金责任的最高限额，也是保险费的计算依据。因此，购买保险时，确定一个适当的保险金额非常重要。但是，不同的险种有不同的保险金额确定方法；就是同一个险种，有时也有不同的保险确定方法，这是参展方投保时需要仔细考虑的问题。

3. 研究保险费率。**保险费率是保险人按单位保险金额向投保人收取保险费的标准。**保险是一种商品，而保险费率就是这种商品的价格。由于保险是一种特殊商品，因此其价格与一般商品价格也有许多不同之处，但是“成本 + 利润 = 价格”的基本定价原则仍然适用。这里的成本要基于未来损失的可能性，是需要进行预测的，预测所得损失概率，便是费率厘定的基础。在其他条件相同的情况下，投保人应该尽量选择保险费率比较低的保险公司。

4. 选择保险公司。通过购买保险转移会展风险是一个双向选择的过程。一方面，保险公司要对投保标的及风险状况、被保险人的品行进行考察；另一方面，投保人也要对保险公司进行全方位的考察，包括保险产品、保险人的偿付能力、盈利情况、保险人的服务质量和信用状况。比如，投保人确定购买某一类保险险种后，可以将不同公司的这类险种加以比较，选择适合于投保人投保目标的产品；参考资信评估公司对保险公司的评级来选择偿付能力、盈利状况、服务质量和信用状况等比较理想的保险公司。这样一旦发生保险责任，客户能够及时得到理赔。

5. 推敲保险条款。保险条款载明了保险有关各方的权利和义务，投保人一定要认真推敲各保险条款的确切含义。首先，要明确保险责任，保险责任既是保险人承担给付保险金责任的前提和范围，也是被保险人索赔的依据。其次，还要充分了解保险合同中的权利和义务。只有这样，才能切实履行自己的义务，保障自身的合法利益。

三、会展风险的非保险转移

（一）非保险转移的概念

转移风险是将风险转移至参与该项目的其他人或其他组织，所以又称合伙分担风险，其目的不是降低风险发生的概率和减轻不利后果，而是通过合同或协议，在风险事故一旦发生时，及时将损失的一部分转移到有能力承受或控制项目风险的个人或组织。

非保险风险转移即合同转移，是指通过各类经济合同将可能产生的潜在损失后果转移给商业上的合作伙伴的方法。个人和单位在从事经济活动过程中，通过不同中介，以不同的形式和方法，利用合同条款等将有关活动的潜在风险损失转嫁给他人承担。

（二）非保险转移的优点

采用非保险转移方法来处理风险，应用范围广，费用低廉，灵活适用，可以弥补保险的不足。其优点如下：

1. **适用的对象比较广泛。**这种方法所能处理的风险既可以是纯粹风险，也可以是投机风险；既有可保风险，也有不可保风险。

2. **具体操作措施灵活多样。**它常常需要巧妙地运用各种知识和技巧，通过谈判、合同条款及其他途径来实现风险转移，而不像订立保险合同那样程序化。

事物背景的复杂性、合同本身的多样性以及当事人的千差万别，为风险管理者选择具体操作措施提供了广阔的范围。

3. **直接成本较低**。与保险转移相比，所需费用一般低于购买保险的保险费。采用一般风险控制手段既要支付相当的费用，又要做一定的工作；而采用风险转移方式，只须在合同条款上下工夫，一旦合同签订，风险转移即告成功。

4. **有利于促进全社会控制风险，减少风险**。一般而言，把潜在损失转移给那些能够更好地进行损失控制的人，便会降低损失概率与损失程度。例如，在一份展台特装建设施工合同中，如果承包人将因设计图纸的疏忽、错误、更改所造成的工程损坏和由此发生的拆除、修复等费用支出，以及承包人因此而发生的人工、材料、机械和管理费用等损失转移给发包人，则发包方就会更加严格、周密地审查设计图纸及其所提供的全部技术资料，以控制这类损失的发生。

采用非保险转移方法处理风险也有不足之处，它常受合同条款、法律条文的限制，有一定的盲目性；合同双方对合同条文的理解差异可能引发问题；转让人要承担一定的代价；受让人有时无力承担所转移的损失责任等。

（三）非保险转移的适用条件

非保险转移虽有众多的优点，但也有局限性。在采用这种方法时，要充分考虑其适用性。一般而言，运用非保险转移方法来处理风险需要满足以下条件：

1. 转让人与受让人之间的损失必须能够明确地划分。这就要求当事人双方在订立合同时，对所要转移的潜在损失的理解一致，并且在损失发生时有具体的区分措施。

2. 受让人应当有能力并愿意承受适当的财务责任。这就要求受让人在订立合同时，必须能准确地理解有关条文的全部含义及其可能产生的后果，并对自己的承受能力作出符合实际的估计，充分衡量利弊后，作出相应的承诺。

3. 应用这种方法对于转让人和受让人双方应该是有益的。这种利益可以是直接的，也可以是间接的。实施这种风险转移方法的成本必须低于其他风险处理手段，否则人们不会选用它。而且，如果采用这种方法仅对一方有利，则另一方也不会接受，除非不了解情况而盲目接受。

（四）非保险转移常见的三种情况

1. 项目主办方将合同责任和风险转移给对方当事人。在这种情况下，被转移者多数为承包商。例如，会展主办方在合同条款中规定，主办方对场地条件不承担责任而由承办方负责；参展商不按时间及时交清参展费用就不能保留展位；采用固定总价合同将涨价风险转移给承包商；等等。

2. 承包商进行合同转让或工程分包。承包商中标承接某会展工程后，可能由于资源安排出现困难而将合同转让给其他承包商，以避免由于自己无力按合同规定时间完成工程而遭受违约罚款；或将该工程中专业技术要求很强、而自己缺乏相应技术的工程分包给专业分包商，从而更好地保证工程质量。

3. 第三方担保。担保方所承担的风险仅限于合同责任，即由于委托方不履行或不适当履行合同以及违约所产生的责任。第三方担保主要表现是主办方要求承包商提供履约保证和预付款保证（在投标阶段还有投标保证）。

(五) 非保险转移的实施方式

在某些情况下，将风险所导致的财务负担转移给一个非保险人，可能对损失转让人而言更合适些。这样的会展风险非保险转移的实施方式主要有免责约定和保证合同。

1. **免责约定，是指合同的一方通过合同条款，对合同中发生的对他人人身伤害和财产损失的责任转移给另一方承担。**例如，根据一则展位租赁合同，主办方可以将参展商对第三者造成的人身伤害与财产损失的经济责任转移给承租人——参展商。同样，根据另一则租赁合同，此承租人——参展商反过来可以把他的潜在损失转移给出租方。一般租赁合同都有“免责条件”和“其他约定事项”等，关键要看双方如何加以利用，从而合法地、巧妙地将自己的风险转移出去。

2. **保证合同，是指由保证人对被保证人因其行为不忠实或不履行某种明确的义务而导致权利人的损失予以赔偿的一种书面合同。**借助保证合同，权利人可将被保证人违约的风险转移给保证人。保证合同通常用于清偿债务、在规定的期限内提供一定数量的产品、按要求的日期完成一项工程等。如果被保证人没有履行义务，由保证人履行或按合同规定支付一定的罚金。如展览会服务商承诺在展期提供某项服务却未能在规定的时间提供，展台搭建商未能按期完成搭建任务而给参展商和主办方带来损失和麻烦等，必须予以赔偿。

本单元知识结构图

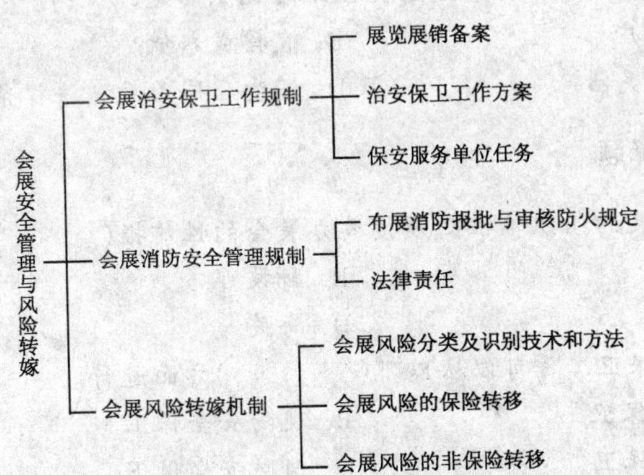

关键词

会展保卫　会展消防　会展风险的保险转移　会展风险的非保险转移

练习与实训

一、单项选择题

1. 按有关审批办法规定，在国内举办(　　)平方米的国际展需实行分级审批。

A. 500　　B. 1 000

C. 2 000　　D. 5 000

2. 下列不属于行政处罚的是(　　)。

A. 警告　　B. 罚款

C. 责令停止施工、责令停业　　D. 责令停止举办

3. 按会展业的行业惯例，会展的举办场所通常会要求组织方投保相关保险，并将举办地一方列为责任保险保单的附加被保险人，责任限额通常为(　　)万美元。

A. 20　　B. 50

C. 100　　D. 200

4. 采用头脑风暴法进行风险识别时，一般适用于(　　)的问题。

A. 比较单纯，目标明确单一　　B. 比较单纯，目标多样

C. 比较复杂，目标明确单一　　D. 比较复杂，目标多样

5. 下列不属于非保险转移方法处理风险优点的是(　　)。

A. 适用对象广　　B. 直接成本低

C. 操作手段灵活　　D. 不受合同条款、法律条文的限制

二、多项选择题

1. 举办国际展的组织单位必须按举办展会的性质报(　　)等部门审批。

A. 商务部　　B. 科技部

C. 贸促会　　D. 海关

2. 加强会展保卫工作可以从以下(　　)方面进行。

A. 驻地安全保卫　　B. 现场安全保卫

C. 交通安全保卫　　D. 消防安全保卫

E. 重要宾客保卫

3. 承担违反消防法规的法律责任的方式有(　　)。

A. 刑事处罚　　B. 行政处罚

C. 经济处罚　　D. 行政强制措施

4. 下列属于会展风险的是(　　)。

A. 物质损失风险　　B. 财务损失风险

C. 法律责任风险　　D. 人员损失风险

5. 非保险转移常见的情况是(　　)。

A. 免责约定

B. 项目主办方将合同责任和风险转移给对方当事人

C. 承包商进行合同转让或工程分包

D. 第三方担保

三、判断题

1. 对于举办国际展的组织单位，只要经过有关部门备案即可出国办展。（ ）

2. 会展保卫工作主要按照“谁主管、谁负责”的原则，实行安全保卫责任制。（ ）

3. 参展单位不得擅自移动展馆内消防设备，不得掩盖和遮挡烟感器和监视摄像机头。喷淋喷头下方必须至少保持60厘米的净空间。（ ）

4. 头脑风暴法是美国著名咨询机构兰德公司于20世纪50年代初发明的，是一种反馈匿名函询法。（ ）

5. 采用非保险转移方法的成本必须低于其他风险处理手段，否则不会选用它。（ ）

四、简答题

1. 会展治安保卫工作方案包括哪几个方面？如何向主办方上级主管部门的保卫消防部门报批？

2. 实施行政处罚必须符合哪些条件？

3. 简述采用德尔菲法识别风险的具体过程。

4. 简述购买会展保险的过程。

第五单元 DIWUDANYUAN

会展经济纠纷解决规制法

学习目标

- □ 知晓会展仲裁和会展诉讼的概念
- □ 熟悉会展仲裁和会展诉讼遵循的原则
- □ 掌握会展仲裁和会展诉讼的法律流程
- □ 理解仲裁与诉讼的异同
- □ 了解国际展会仲裁

案例导读

展会上被侵权怎么办?

在一次广交会上，上海瑞斯乐门窗有限公司经历了这样的遭遇：展会第一天，其现场工作人员发现，国内某防盗门企业展位上有几款与自己公司类似的产品展出。随后，他们立即向展会主办方投诉。接受展会投诉的广交会知识产权投诉机构是由主办方会同广东省、广州市知识产权部门三方联合组成的，经过现场核实、确认侵权、签订“承诺书”等程序之后，涉嫌侵权产品被遮盖，这家防盗门企业承诺在之后的几天展期内不再进行展出和销售。

全程参与这一事件的瑞斯乐公司企划部经理告诉记者，她对现场的处理结果基本满意，这是该公司第一次遇到这种事情，也是国内展会中为数不多的现场就获得解决的知识产权事件。专家指出，虽然国内展会设有专门的知识产权投诉机构还不是很多，但今后会越来越多，这是一种趋势。比如上海新近出台的《会展业管理办法》中就规定，主办单位可以设立知识产权接待机构，并可制定相应的现场处理规则。

(资料来源：工业资源网)

目前，展会侵权问题已经成为遏制会展经济持续快速发展的“瓶颈”之一。由于参展商法律意识的淡漠，随意侵犯他人的权利及自己的权利被侵害的法律问题时常发生，特别是自己的合法权利受到侵害时，不知如何有效解决。

本单元将全面阐述有关解决会展经济纠纷的法律法规及处理流程。

模块一 会展仲裁

一、会展仲裁概述

（一）会展仲裁的概念

会展仲裁是指会展当事人双方根据仲裁协议，自愿将会展中发生的纠纷提交仲裁机构处理，由仲裁机构作出对双方当事人均具有约束力的判断或裁决的一种法律制度。仲裁完全是第三者的行为，具有民间性质，是一种非诉讼解决纠纷的方式。第三者通过仲裁所作出的判断或裁决具有法律效力。1994 年 8 月 31 日，第八届全国人大常委会第九次会议通过了《中华人民共和国仲裁法》（简称《仲裁法》），该法于 1995 年 9 月 1 日起施行，其基本内容包括仲裁协议、仲裁组织、仲裁程序、仲裁裁决及其执行等。

（二）会展仲裁的特点

会展仲裁具有以下特点：（1）仲裁必须遵循一定的程序；（2）仲裁是一种灵活、便利的解决争议的方式；（3）提交仲裁以双方当事人自愿为前提；（4）仲裁必须有三方活动主体；（5）仲裁的客体是当事人之间发生的一定范围的争议；（6）裁决具有强制性。

（三）会展仲裁的基本原则

1. 自愿原则。这是仲裁制度中的基本原则，主要体现在以下几个环节：

（1）以仲裁的方式解决纠纷，出于当事人双方的共同意愿。仲裁机构受理案件来源于当事人双方的共同授权，仲裁机构不能受理没有书面仲裁协议（含仲裁条款）的仲裁申请。

（2）向哪个仲裁机构提请仲裁，由当事人双方协商确定。当事人在选择、确定仲裁机构时，不因当事人所在地、纠纷发生地而受到地域管辖的限制；也不因争议标的额的大小、案件的复杂程度而受到级别管辖的制约。

（3）组成仲裁庭的仲裁员由当事人在仲裁员名册中自主选定，也可以委托仲裁委员会主任代为指定，仲裁庭的组成形式也可以由当事人约定。

（4）当事人可以约定交由仲裁解决的争议事项，即当事人将哪些纠纷交付仲裁可以由当事人自主协商确定。当事人既可以约定把因履行合同所产生的所有争议均交由仲裁解决，也可以约定将某项或某几项争议交付仲裁。仲裁机构应当尊重当事人的选择，对当事人在协议中没有交由自己处理的争议，不能主动审理和裁决。

（5）在开庭和裁决的程序中，当事人还可以约定审理方式、开庭形式等有关的程序事项。

2. 仲裁独立原则。仲裁的独立，是指从仲裁机构的设置到仲裁纠纷的整个过程都具有依法的独立性。仲裁独立主要表现在以下几个方面：

(1) 仲裁与行政机构脱钩，即仲裁委员会独立于行政机关，与行政机关没有隶属关系。这有利于仲裁真正作到具有公正性、权威性。

(2) 仲裁组织体系中的仲裁协会、仲裁委员会和仲裁庭三者之间相对独立，即作为社会团体的中国仲裁协会，属于仲裁委员会的自律性组织。仲裁委员会是按地域分别设立的，相互之间无高低、上下级之分，相互之间没有隶属关系，相互独立。同时，仲裁庭对案件独立审理和裁决，仲裁委员会不能干预。法院对仲裁裁决虽然有着必要的监督，但并不意味着仲裁附属于法院。

3. 根据事实、符合法律规定、公平合理解决纠纷的原则。此项原则是公正处理民事经济纠纷的根本保障，是解决当事人之间的纠纷所应当依据的基本准则。

(1) **根据事实**，就是在仲裁审理过程中，要全面、深入、客观地查清与纠纷有关的事实情况，包括纠纷的发生原因、发展过程、现实状况以及争议各方的争执所在。

(2) **符合法律规定**，即仲裁庭在查清事实的基础上，应当根据法律的有关规定确认当事人各方的权利与义务，确定承担赔偿责任的方式以及赔偿数额的大小。

(3) **公平合理**，就是仲裁庭在仲裁纠纷时应当公平、公正、不偏不倚。仲裁员在审理纠纷时应当处于公正地位，公平地对待双方当事人。公平合理还意味着在仲裁中所适用的法律对有关争议的处理未作明确规定时，可以参照经济贸易惯例或者行业惯例来判别责任。

(四) 会展仲裁适用范围

根据我国《仲裁法》规定，平等主体的公民、法人和其他组织之间发生的合同纠纷和其他财产权益纠纷可以仲裁；婚姻、收养、监护、抚养、继承纠纷和依法应当由行政机关处理的行政争议，不能提交仲裁。

根据有关立法和仲裁实践，可提请仲裁的合同纠纷主要有：

1. 房地产合同纠纷。主要有房地产转让合同、房地产抵押合同、房地产租赁合同纠纷等。

2. 经济合同纠纷。主要包括购销合同、建设工程承包合同、加工承揽合同、货物运输合同、供用电合同、仓储保管合同、财产租赁合同、借款合同、财产保险合同以及其他经济合同纠纷等。

3. 著作权合同纠纷。主要有著作权许可使用合同、委托创作合同、出版合同纠纷等。

4. 技术合同纠纷。主要包括技术开发合同、技术转让合同、技术咨询合同、技术服务合同纠纷。

5. 海事、海商合同纠纷。主要包括船舶租赁合同、海上货物运输合同、海上旅客运输合同、海上托运合同、海上保险合同纠纷等。

6. 商标、专利合同纠纷。主要有商标转让合同、商标许可使用合同、专利申请权转让合同、专利所有权转让合同、专利使用权转让合同纠纷等。

7. 各种涉外经济合同纠纷。主要包括买卖合同、委托买卖合同、租赁合同、运输合同、保险合同、技术转让合同、中外合资经营企业合同、中外合作经营企业合同、中外合作勘探开发自然资源合同纠纷以及涉外经济贸易中的各种其他合同纠纷。

8. 其他民事、经济合同纠纷。

二、仲裁机构及仲裁协议

(一) 仲裁机构

仲裁机构是指根据法律规定，依法对经济合同纠纷进行裁决的法定机构。《仲裁法》规定，这个仲裁机构定名为仲裁委员会。仲裁委员会可以在直辖市和省、自治区人民政府所在地的市设立，也可以根据需要在其他设区的市设立，不按行政区划层层设立。仲裁委员会属民间性质，与行政机关没有隶属关系，各仲裁委员会之间也没有隶属关系。各地的仲裁委员会为中国仲裁协会的会员。

仲裁委员会的组成人员必须是法律、经济贸易专家和有实际工作经验的人员，其中法律、经济贸易专家不得少于总人数的2/3。我国目前的仲裁分为国内仲裁和涉外仲裁。涉外仲裁机构是设立在中国商会内的中国国际经济贸易仲裁委员会（简称经贸仲裁委员会）和中国海事仲裁委员会。

(二) 仲裁协议

仲裁协议是双方当事人表示愿意把他们之间的争议交付仲裁解决的一种书面决定，包括合同中订立的仲裁条款和以其他书面方式在纠纷发生前后达成的请求仲裁的协议。仲裁协议应具有以下内容：(1) 请求仲裁的意思表示；(2) 仲裁事项；(3) 选定的仲裁委员会。仲裁协议对仲裁事项或者仲裁委员会没有约定或者约定不明确的，当事人可以补充协议；达不成补充协议的，仲裁协议无效。

仲裁协议如有下列情形之一的，该仲裁协议无效：(1) 约定的仲裁事项超出法律规定的仲裁受理范围；(2) 订立仲裁协议的人是无民事行为能力人或者限制民事行为能力人；(3) 一方采取欺诈、胁迫等手段，违背当事人真实意志订立的仲裁协议。

三、仲裁程序

《仲裁法》对仲裁程序作了详细规定。

1. 仲裁申请和受理。当事人申请仲裁应当符合下列条件：(1) 有仲裁协议；(2) 有具体的仲裁请求和事实、理由；(3) 属于仲裁委员会的受理范围。当事人申请仲裁，应当向仲裁委员会递交仲裁协议、仲裁申请书及副本。

仲裁委员会收到仲裁申请书之日起5日内，认为符合受理条件的，应当受理，并通知当事人；认为不符合受理条件的，应当书面通知当事人不予受理，并说明理由。被申请人收到仲裁申请副本后，应当在规定的期限内向仲裁委员会提交答辩书。被申请人未提交答辩书的，不影响仲裁程序的进行。

2. 仲裁庭的组成。仲裁庭有合议庭和独任庭两种形式。独任庭由1名仲裁员组成。合议庭由3名仲裁员组成，设首席仲裁员。独任仲裁员以及合议庭中的首席仲裁员须由当事人共同约定或共同委托指定。其余两名仲裁员由当事人双方各自选定或委托指定。当事人没有在仲裁规定的期限内约定仲裁庭的组成方式或选定仲裁员的，由仲裁委员会指定。

为保证仲裁合理公正，仲裁员应当公道正派，并符合以下条件之一：(1) 从事仲裁工作满8年的；(2) 从事律师工作满8年的；(3) 曾任审判员满8年的；(4) 从事法律研究、教学工作并具有高级职称的；(5) 具有法律知识、从事经济贸易等专业工作，并具有高级职称或者具有同等专业水平的。

仲裁员有下列情形之一的，应当回避：(1) 是本案当事人或者当事人、代理人的近亲属的；(2) 与本案有利害关系的；(3) 与本案当事人、代理人有其他关系，可能影响公正仲裁的；(4) 私自会见当事人、代理人，或者接受当事人、代理人的请客送礼的。

3. 开庭审理。根据《仲裁法》规定，仲裁不公开进行，当事人协议公开的，可以公开，但涉及国家秘密的除外。仲裁应当开庭进行，当事人协议不开庭的，仲裁庭可以根据仲裁申请书、答辩书以及其他材料作出裁决。在正式开庭前，应当宣布仲裁庭组成人员，核对当事人及代理人，询问当事人是否申请回避。仲裁委员会在规定期限内通知双方当事人开庭日期，申请人经书面通知，无正当理由不到庭或者未经许可中途退庭的，可以视为撤回仲裁申请；被申请人经书面通知，无正当理由不到庭或者未经仲裁庭许可中途退庭的，可以缺庭裁决。当事人在仲裁过程中有权进行辩论，应当对自己的主张提供根据。

4. 和解与调解。当事人申请仲裁后可以自行和解，也可以由仲裁庭先行调解。当事人自行和解、达成和解协议的，可以请求仲裁庭根据和解协议作出裁决书，也可以撤回仲裁申请；仲裁庭在裁决前，可以先行调解，调解必须双方自愿。调解不成的，应当及时作出裁决；调解达成协议的，应当制作调解书，或者根据协议的结果制作裁决书。调解书与裁决书具有同等法律效力。在调解书签收前当事人可以反悔；调解书由仲裁员签名，加盖仲裁委员会印章，经双方当事人签收后，即发生法律效力。

5. 仲裁裁决。对调解不成或在调解书签收前双方当事人反悔的，仲裁庭应及时作出裁决。仲裁庭在仲裁过程中的任何时候，对其中一部分事实已经清楚的，可以就该部分先行裁决；裁决书应当按照多数仲裁员的意见作出。仲裁庭不能形成多数意见时，裁决应当按照首席仲裁员的意见作出。裁决书由仲裁员签名，加盖仲裁委员会印章。对裁决持不同意见的仲裁员可以签名，可以不签名。裁决书自作出之日起发生法律效力。

根据《仲裁法》规定，仲裁实行一裁终局制度，即仲裁裁决是终局的。任何仲裁案件，作出裁决之后，当事人就同一纠纷案件再申请仲裁或向人民法院起诉的，仲裁委员会或人民法院不予受理。如果仲裁委员会的裁决被人民法院依法裁定撤销或不予执行的，当事人就该纠纷可以根据双方重新达成的仲裁协议申请仲裁，也可以向人民法院起诉。

6. 申请撤销裁决。仲裁裁决书自作出之日起即发生法律效力。如当事人有证据证明已经发生法律效力的裁决有违背仲裁法规定的，可以向仲裁委员会所在地的中级人民法院申请撤销裁决。人民法院认定该裁决违背社会公共利益的，也应当裁定撤销。

申请撤销裁决应符合以下条件之一：(1) 没有仲裁协议的；(2) 裁决的事项不属于仲裁协议的范围或者仲裁委员会无权仲裁的；(3) 仲裁庭的组成或仲裁的程序违反法定程序的；(4) 裁决所根据的证据是伪造的；(5) 对方当事人隐瞒了足以影响公正裁决的证据的；(6) 仲裁员在仲裁该案时有索贿受贿、徇私舞弊、枉法裁决行为的。

提示：

当事人申请撤销裁决的，应当自收到裁决书之日起 6 个月内提出；人民法院应当在受理撤销裁决申请之日起两个月内，作出撤销裁决或者驳回申请的裁定。

7. 仲裁裁决的执行。

(1) 依法强制执行。裁决作出后，当事人应当自动履行仲裁裁决。一方当事人不履行的，另一方当事人可以向有管辖权的人民法院申请执行。受申请的人民法院应当执行。

(2) 依法裁定不予执行。如果被申请人提出证据证明仲裁裁决有不应执行情形的，可以请求人民法院不予执行该裁决。不予执行的情形有：①当事人在合同中没有订立仲裁条款或者事后没有达成书面仲裁协议的；②裁决的事项不属于仲裁协议的范围或者仲裁机构无权仲裁的；③仲裁庭的组成或者仲裁的程序违反法定程序的；④认定事实的主要证据不足的；⑤适用法律确有错误的；⑥仲裁员在仲裁该案时有贪污受贿、徇私舞弊、枉法裁决行为的。人民法院裁定不予执行的裁定书应当送达双方当事人和仲裁机构。

(3) 中止执行、终结执行和恢复执行。一方当事人申请执行裁决、另一方当事人申请撤销裁决的，人民法院应当裁定中止执行，即暂时停止执行程序；人民法院根据法律规定，依法裁定撤销裁决的，应当裁定终结执行，即停止执行程序，以后也不再恢复；当事人撤销裁决的申请，被人民法院依法裁定驳回的，人民法院应当裁定恢复执行。

四、国际展会仲裁

《国际展览会公约》第三十四条对缔约国之间发生的展会仲裁相关事项作出如下规定：

1. 若两个或两个以上缔约国政府就本公约的适用或解释发生争议，并且不能由根据本公约规定赋予决定权的机构予以解决，那么该争议即构成争议当事方协商的主题。

2. 如果几经协商不能在短期内达成协议，任何当事方可将争议提交国际展览局主席，并请主席指定一名调解人。如果调解人不能使争议当事方达成解决协议，则应向国际展览局主席提交报告，并注明争议的性质和程度。

3. 一旦宣告未能达成协议，该争议即成为仲裁标的。为此，自报告送达争议各当事方之日起两个月内，任一当事方均可向国际展览局秘书长提交仲裁申请，并申明该方已选定的仲裁员。其他一方或若干当事方应在两个月内指定各自的仲裁员。如果未能如此，任一当事方均可通知国际法院主席，请求其指定一名或若干名仲裁员。如果几个当事方为前款所述之目的共同行事，则被视为一个整体。如有疑问，则由秘书长决定。被选定的仲裁员们还要额外提名一位仲裁员。如果仲裁员们不能在两个月内就这一人选达成一致，国际法院主席在接到任一当事方通知后，负责指定这一仲裁员。

4. 仲裁机构根据成员多数作出裁决。如果仲裁员的赞成票数与反对票数相等，额外指定的仲裁员的投票具有决定性意义。这一裁决是最终裁决，对各当事方均具约束力，当事方没有上诉的权利。

模块二　会展诉讼

一、会展诉讼概述

（一）会展诉讼概念

会展诉讼是指司法机关及会展诉讼参与人为解决会展案件所进行的活动。会展诉讼在程序方面所适用的法律是1991年第七届全国人民代表大会第四次会议通过的《中华人民共和国民事诉讼法》（简称《民事诉讼法》）。此外，最高人民法院有关的司法解释及其他法律、法规中的有关会展诉讼的规定也可以参照适用。

（二）仲裁与诉讼的异同

仲裁与诉讼是两种不同的解决民事经济纠纷的方式。

1. 仲裁与诉讼的相同之处主要表现在：

（1）**处理争议的主体是当事人以外的第三方。**仲裁机构和法院都是以公正的裁判者的身份出现，对当事人双方争议的权利义务关系进行公正的裁判。

（2）**仲裁和诉讼都必须遵循一定的程序进行。**仲裁机构处理纠纷必须遵循当事人共同选择的仲裁规则中所确认的程序、《仲裁法》规定的仲裁程序进行仲裁。人民法院审理案件对争议作出判决，必须依照法定的诉讼程序进行审理。否则，仲裁与诉讼都不能发生任何效力。

（3）**仲裁和诉讼中的某些规则和制度是一致的。**例如，仲裁和诉讼中都包含有保全措施、调解、回避和时效等制度。

（4）**仲裁裁决与诉讼判决都具有相同的法律效力，双方当事人必须全面履行。**如果任何一方当事人不履行，将会引起强制执行程序的发生。

2. 仲裁与诉讼的不同之处主要表现在：

（1）**性质不同。**仲裁由仲裁委员会受理。仲裁委员会是民间性质的机构，不具有国家意志的属性。诉讼是审判程序，由国家的司法机关人民法院行使审判权，具有明显的国家意志性。

（2）**管辖权的依据不同。**仲裁机构对案件的管辖权建立在双方当事人自愿达成的仲裁协议和一方当事人申请的基础上。只有双方当事人达成仲裁协议，仲裁委员会才有管辖权，如果没有双方当事人在争议发生之前或之后达成的仲裁协议，即使当事人提出申请，仲裁机构也无权仲裁。人民法院对案件的管辖权来源于法律的规定。在双方当事人无仲裁协议的情况下，只要一方当事人向有管辖权的人民法院起诉，人民法院就应依法受理争议案件，另一方必须应诉。

(3) **审理的具体程序不同**。仲裁的程序由当事人选择适用某一仲裁机构的仲裁规则或由当事人对具体程序进行约定，而诉讼只能由法院按照《民事诉讼法》的规定进行，当事人不得约定，在诉讼中，当事人到庭具有强制性，违者将承担法律责任。在仲裁中，当事人拒不到庭，仲裁庭无权拘传，证人出庭作证也是出于自愿。

(4) **开庭审理的原则不同**。诉讼一般是公开开庭审理，裁决公开作出。仲裁一般不公开进行，案情不公开，裁决不公开，但如果当事人双方协议公开，也可以公开仲裁。

(5) **审级不同**。诉讼实行四级二审终审制，而仲裁实行一裁终局制，仲裁裁决不得上诉。

(三)《民事诉讼法》的特有原则

1. **当事人诉讼权利平等原则**。这一原则包含两方面内容：一是民事诉讼当事人平等地享有诉讼权利；二是人民法院应当保障和便利当事人平等地行使法律所规定的诉讼权利。

2. **辩论原则**，是指双方当事人有权就案件的事实和争议的问题发表自己的主张，互相反驳和答辩，以维护自己的合法权益。

3. **法院调解原则**，是指人民法院审理民事案件，应当根据自愿和合法的原则进行调解；调解不成的，应当及时判决。

4. **依法处分原则**，是指民事诉讼的当事人有权在法定的范围内自由支配自己的民事权利和诉讼权利。处分内容包括民事权利的处分和诉讼权利的处分两个方面。比如，原告可以撤诉、终结诉讼程序；被告可接受原告的诉讼请求，双方达成协议结案。当事人的处分行为不得违反法律规定，即不得损害国家和社会的利益，不得损害他人的合法民事权益，否则处分无效。

5. **支持起诉原则**。对于损害国家、集体或个人的民事权益的行为，当受害人没起诉时，国家机关、社会团体、企事业单位可以支持受损害的单位或者个人向人民法院起诉。支持起诉的方式一般是启发、鼓励受害者向法院起诉，而不是代替起诉。

二、会展民事诉讼的管辖

会展案件的管辖是指根据会展纠纷案件的不同情况和各级人民法院的职权范围，确定案件由哪一个法院受理的一种司法制度。目前，管辖有主要有以下两种情况：

(一) 级别管辖

级别管辖是指按人民法院的组织系统来划分各级人民法院经济审判庭的案件管辖权限，是各级人民法院对第一审案件的纵向分工。我国人民法院实行的是**四级两审制**。四级为基层人民法院、中级人民法院、高级人民法院、最高人民法院；两审即经济纠纷案件由第一审人民法院作出判决或裁定之后，当事人不服的，可向上一级人民法院提出上诉，经上一级人民法院审理作出第二审判决或裁定，即为终审判决或裁定。最高人民法院第一审案件的判决为终审判决。

根据《民事诉讼法》关于级别管辖的规定，经济纠纷案件按以下分工审理：(1) 基层人民法院管辖第一审经济纠纷案件，但法律另有规定的除外。(2) 中级人民法院管辖下列第一审经济纠纷案件：重大涉外案件；在本辖区内有重大影响的案件；最高人民法院确定由中级人民法院管辖的案件，如专利纠纷案件，海事、海商案件。(3) 高级人民法院管辖本辖区内有重大影响的第一审经济纠纷案件。(4) 最高人民法院管辖下列第一审经济案件：在全国有重大影响的经济纠纷案件和其认为应该由自己审理的经济案件。

（二）地域管辖

地域管辖是指以行政区域为标准，按照人民法院的管辖区范围和当事人所在地来确定同级人民法院之间审理第一审案件的权限。级别管辖只是确定了某一案件的第一审经济纠纷应由哪一级人民法院来审理，而地域管辖则是在确定了级别管辖之后，确定某一案件具体应归哪一个地方的人民法院来审理的问题。地域管辖是管辖中普遍采用的重要原则。

根据《民事诉讼法》的规定，在一般情况下，民事审判庭的地域管辖是根据纠纷案件被告所在地确定，即原告应到被告住所地有管辖权的人民法院起诉。被告为自然人的，住所地为其户籍地，户籍地与住所地不一致时，以其经常居住地为住所地；被告为法人或其他组织的，住所地为其主要机构、主要营业地的登记地。地域管辖包括以下几种情况：(1) 因合同纠纷提起的诉讼，由被告住所地或者合同履行地人民法院管辖。(2) 合同的双方当事人可以在书面合同中协议选择被告所在地、合同履行地、合同签订地、原告住所地、标的物所在地人民法院管辖，但不得违反法律对级别管辖和专属管辖的规定。(3) 由侵权行为提起的诉讼，由侵权行为地或者被告住所地人民法院管辖。(4) 因铁路、公路、水上、航空运输和联合运输合同纠纷提起的诉讼，由运输始发地、目的地或者由被告住所地人民法院管辖。(5) 因铁路、公路、水上、航空事故请求损害赔偿提起的诉讼，由事故发生地或者车辆、船舶最先到达地，航空器最先降落地或者被告住所地人民法院管辖。(6) 两个以上人民法院都有管辖区的诉讼，原告可以向其中一个人民法院起诉；原告向两个以上有管辖权的人民法院起诉的，由最先立案的人民法院管辖。

三、民事诉讼参加人

民事诉讼参加人是指作为民事诉讼主体参加民事诉讼的当事人，包括原告、被告、共同诉讼人、诉讼代表人、第三人和类似当事人地位的诉讼代理人。

（一）当事人

民事诉讼当事人是指因民事上的权利义务关系发生纠纷，以自己的名义进行诉讼，并受人民法院裁判约束的利害关系人。当事人有广义和狭义之分。广义的当事人包括原告、被告、共同诉讼人、诉讼代表人和第三人；狭义的当事人仅指原告和被告。

当事人有以下法律特征：(1) 以自己的名义进行诉讼；(2) 与案件审理的结果有直接的利害关系；(3) 受人民法院裁判的约束。

当事人可以是公民、法人和其他组织。法人由其法定代表人进行诉讼，其他组织由其主要负责人进行诉讼。

1. 原告和被告。原告是指为维护自己的民事权益，以自己的名义向人民法院提起诉讼，因而引起民事诉讼程序发生的人。被告是指与他人的民事权益发生争执，而由人民法院通知应诉的人。

2. 共同诉讼人。共同诉讼人是指当事人一方或者双方为两人以上，其诉讼标的是共同的，或者诉讼标的是同一种类，人民法院认为可以合并审理，并经当事人同意的，为共同诉讼。在共同诉讼中，原告为两人以上的，称为共同原告；被告为两人以上的，称为共同被告，他们又统称为共同诉讼人。

3. 诉讼代表人。代表人诉讼又称群体诉讼，是指具有共同或同种类法律利益的一方当事人人数众多，且不能进行共同诉讼时，由其代表人进行的诉讼。其中，代表众多当事人进行诉讼的人，称为诉讼代表人。

4. 第三人。第三人是指对他人之间的诉讼标的有独立的请求权，或者虽无独立的请求权，但案件的处理结果与他有法律上的利害关系，因而参加到他人之间已经开始的民事诉讼中去，以维护自己合法权益的人。

(二) 诉讼代理人

诉讼代理人是指在法律规定或当事人授权的范围内，以被代理人的名义，进行诉讼活动的人。诉讼代理人分为法定代理人和委托代理人。

诉讼代理人具有以下特点：(1) 在同一诉讼活动中，代理人只能代理一方当事人，不能同时代理双方当事人。(2) 代理人是以被代理人的名义进行诉讼活动的。(3) 代理人必须在代理权限内进行诉讼活动。(4) 只要代理人在代理权限内进行诉讼活动，其所产生的法律后果由被代理人承担。

四、会展案件的诉讼程序

会展案件的诉讼程序是指会展当事人为达到通过诉讼保护自己正当权益的目的，人民法院为了达到正确、及时解决会展纠纷的目的，依法进行各种诉讼活动的过程。我国的《民事诉讼法》对经济纠纷案件的诉讼程序作了明确规定。

(一) 第一审程序 (也称普通审判程序)

1. 起诉和受理。起诉是指一方当事人向人民法院请求审理案件的活动，是诉讼过程的开始、审理案件的前提。起诉必须符合以下条件：原告是与本案有直接利害关系的公民、法人和其他组织；有明确的被告；有具体的诉讼请求和事实、理由；属于人民法院受理经济纠纷案件的范围和受诉的人民法院管辖。起诉应向人民法院递交起诉状，并按照被告人数提出副本。

人民法院对起诉状经审查认为符合受案条件的，即应当在 7 日内立案受理，立案后 5 日内将起诉状副本送交被告，并限其在收到起诉书副本后 15 日内提出答辩状。对认为不符合起诉条件的，法院应当在 7 日内通知原告不予受理，并说明理由。

提示：

调解书经双方当事人签字后即具有法律效力；调解不成立或调解成立、未送达调解书前一方反悔的，应转而进行开庭审理。

2. 调查和调解。这是人民法院开庭审理案件前的准备工作。调查是人民法院查清事实真相，解决争议的手段，也是人民法院处理案件的基础，是第一审程序中最为重要的一步，为下一步审理案件做好准备。审判人员必须认真审核诉讼材料，调查搜集必要的证据。调查可由受诉人民法院进行，也可委托外地人民法院进行。

人民法院对受理的案件，能够调解的，应当根据自愿和合法的原则进行调解。调解可在开庭审理前进行，也可在开庭审理过程中进行。调解成立，法院应制作调解书，由审判员、书记员署名，盖人民法院印章。

3. 开庭审理。一般分为以下五个阶段：

（1）预备阶段。法院与当事人各方都要做好开庭前的准备工作。开庭通知书要在开庭前3日送达。当事人经传票传唤，无正当理由拒不到庭或中途退庭的，是原告的，可以按撤诉处理；是被告的，可以缺席判决。

（2）开庭审理。人民法院审理经济纠纷案件，除涉及国家机密、个人隐私或法律另有规定的以外，一律公开进行。开庭审理是审判人员在当事人及其他诉讼参与人参加的情况下，在法庭上对案件进行全面询问与审查，并在审理终结时依法作出判决的活动。它是经济纠纷案件审理的中心环节。

（3）法庭调查。这是对案件进行实体的审理。法庭调查按法定顺序进行：①审判长分别询问当事人和听取当事人对案件的陈述；②告知证人的权利义务，询问证书，宣读未到庭的证人的证言；③询问鉴定人，宣读鉴定结论；④出示书证、物证和视听资料；⑤宣读勘验笔录。

（4）法庭辩论。在法庭调查事实、公开案情真相的基础上进入法庭辩论，由当事人双方进行总结性辩论和反驳。通过辩论，可以使法院全面了解案情，以便于适用法律，作出正确处理。法庭辩论按法定顺序进行：①由原告及其诉讼代理人发言；②由被告及其诉讼代理人发言；③双方互相辩论和反驳。法庭辩论终结，由审判长按原告、被告的先后顺序征询当事人最后意见；④法庭休庭，等待法庭宣布判决。

（5）宣布判决。法庭休庭，由审判人员组成和议庭研究、评判，最后作出判决。判决可以当庭宣判，也可以定期宣判，即另定日期进行宣判。

对争议不大、简单的经济纠纷，人民法院也可以采用简易程序，由一名审判员对案件独立进行调解或者审判。

（二）第二审程序

第二审程序又叫上诉审判程序。当事人双方中的任何一方对第一审法院的判决或裁定不服时，有权在法定期限内向上一级人民法院提起上诉。当事人不服一审判决，可在判决书送达之日起15日内向上一级人民法院提起上诉；不服一审裁定的，有权在裁定书送达之日起10日内提起上诉。上诉状应通过原审法院提出，并按被上诉人数提供副本。二审法院对上诉案件经过审理，可作出以下处理：（1）原判决认定事实清楚、适用法律正确的，判决驳回上诉，维持原判。（2）原判决适用法律错误的，依法改判。（3）原判决认定事实错误，或者原判决认定事实不清、证据不足，裁定撤销原判决，发回原审人民法院重审，或者查清事实后改判。(4) 原判违反法定程序，可能影响案件正确判决的，裁定撤销原判决，发回原审法院重审。

人民法院审理上诉案件，一般应当在二审立案之日起3个月内审结；对裁定的上诉案件，应在30日内作出终审裁定。第二审法院审理上诉案件，也可进行调解。调解成立，原审法院的判决即视为撤销。

(三) 审判监督程序

审判监督程序又称再审程序，是指对已经发生效力的判决或裁定发现确有错误，依法进行再审的程序。当事人对已经发生法律效力的判决、裁定，认为有错误的，可以向原审法院或上一级法院申请再审，但不停止判决、裁定的执行。当事人对已经发生法律效力的调解书，提出证据证明调解违反自愿原则或者调解协议的内容违反法律的，可以申请再审。当事人申请再审，应当在判决、裁定发生法律效力后2年内提出。

(四) 执行程序

对于已经发生效力的判决书、裁定书、调解书及其他应由人民法院执行的法律文书，当事人必须履行。拒绝履行的，享有权利一方可向人民法院申请强制执行。申请执行的期限，当事人一方或双方为公民的是1年，双方为法人或其他组织的是6个月。执行人接到申请后，向被执行人发出通知，令其在指定期限内履行，逾期不履行的，强制执行。

本单元知识结构图

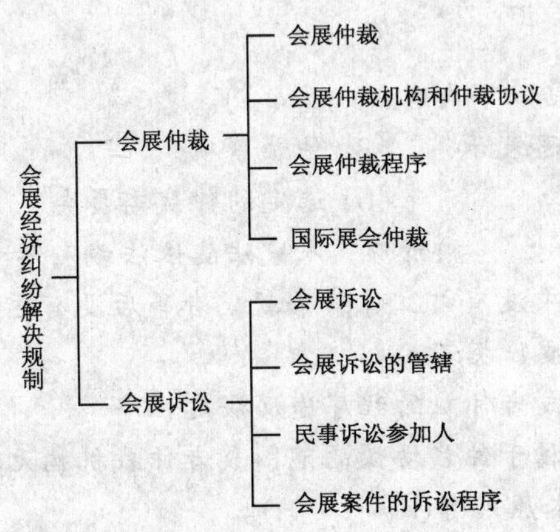

关键词

会展仲裁　　会展诉讼

练习与实训

一、单项选择题

1. 在会展仲裁的基本原则中，(　　)是仲裁活动的前提和基础。

A. 自愿原则　　B. 独立原则　　C. 辩论原则

D. 根据事实、符合法律规定、公平合理解决纠纷的原则

2. 仲裁实行的是(　　)制度。

A. 既裁有审　　B. 一裁终局

C. 两裁终局　　D. 只裁不审

3. 当仲裁庭不能形成多数意见时，裁决应当按照(　　)的意见作出。

A. 申请人指定的仲裁员　　B. 被申请人指定的仲裁员

C. 首席仲裁员　　D. 无法作出

4. 根据《民事诉讼法》关于级别管辖的规定，(　　)管辖本辖区内有重大影响的第一审经济纠纷案件。

A. 基层人民法院　　B. 中级人民法院

C. 高级人民法院　　D. 最高人民法院

5. (　　)是会展纠纷案件中审理的中心环节。

A. 开庭审理　　B. 法庭调查

C. 法庭辩论　　D. 宣布判决

二、多项选择题

1. 仲裁协议应包括以下内容(　　　　)。

A. 请求仲裁的意思表示　　B. 仲裁事项

C. 仲裁费用　　D. 选定的仲裁委员会

2. 当出现以下(　　　　)情形，人民法院依法裁定不予执行。

A. 当事人在合同中没有订立仲裁条款或者事后没有达成书面仲裁协议

B. 认定事实的主要证据不足

C. 仲裁庭的组成或者仲裁的程序违反法定程序

D. 裁决的事项不属于仲裁协议的范围或者仲裁机构无权仲裁

3. 会展诉讼的基本原则有(　　　　)。

A. 自愿、合法调解原则　　B. 依法处分原则

C. 支持起诉原则　　D. 辩论原则

4. 目前会展案件的管辖主要有(　　　　)。

A. 级别管辖　　B. 行政管辖

C. 区域管辖　　D. 专属管辖

5. 诉讼代理人的特点是(　　　　)。

A. 在同一诉讼活动中，代理人只能代理一方当事人，不能同时代理双方当事人

B. 代理人是以被代理人的名义进行诉讼活动的

C. 代理人必须在代理权限内进行诉讼活动

D. 只要代理人在代理权限内进行诉讼活动,其所产生的法律后果由被代理人承担

三、判断题

1. 仲裁具有民间性质,它所作出的判断或裁决不具有法律效力。 ( )

2. 独任庭的独任仲裁员和合议庭的仲裁员都须由当事人共同约定或共同委托指定。 ( )

3. 在仲裁开庭审理中,被申请人经书面通知,无正当理由不到庭或者未经仲裁庭许可中途退庭的,可以缺庭裁决。 ( )

4. 会展诉讼所适用的法律是1991年4月9日第七届全国人民代表大会第四次会议通过的《中华人民共和国民事诉讼法》。 ( )

5. 级别管辖只是确定了某一案件的第一审经济纠纷应由哪一级人民法院来审理;而地域管辖则是在确定了级别管辖之后,确定某一案件具体应归哪一个地方的人民法院来审理的问题。 ( )

四、简答题

1. 会展仲裁的自愿原则体现在哪些方面?

2. 申请仲裁应符合哪些条件?

3. 简述会展诉讼的程序。

五、案例分析

海南省天南公司与海北公司于1998年6月签订了一份租赁合同,约定由天南公司进口一套国外最新展览设备,租给海北公司使用,海北公司按年交付租金。海南省A银行出具担保函,为海北公司提供担保。后来天南公司与海北公司因合同履行发生争议。

想一想:

1. 如果天南公司与海北公司签订的合同中约定了以下仲裁条款"因本合同的履行所发生的一切争议,均提交珠海仲裁",天南公司因海北公司无力支付租金,向珠海仲裁委员会申请仲裁,将海北公司和A银行作为被申请人,请求裁决被申请人给付拖欠的租金。天南公司的行为是否正确?为什么?

2. 如果存在上问中所说的仲裁条款,天南公司能否向人民法院起诉海北公司和A银行,请求支付拖欠的租金?为什么?

3. 如果本案通过仲裁程序处理,天南公司申请仲裁委员会对海北公司的财产采取保全措施,仲裁委员会应当如何处理?

4. 如果本案通过仲裁程序处理后,在仲裁裁决执行的过程中,法院裁定对裁决不予执行,在此情况下,天南公司可以通过什么法律程序解决争议?

第六单元 DILIUDANYUAN

国内办展规定

学习目标

- □ 掌握会展举办单位应有的资格条件
- □ 掌握会展的申报手续和审批程序
- □ 掌握会展举办单位的主要职责
- □ 熟悉违反会展法规应承担的法律责任
- □ 了解国内办展关于展品的产品质量、通关、保险等相关规定

案例导读

中国国际网络文化博览会

第二届中国国际网络文化博览会（以下简称网博会）于 2004 年 10 月 28—31 日在北京展览馆举行。

主办者：文化部、科技部、广电总局、北京市政府联合主办，信息产业部支持。

承办者：文化部文化市场发展中心与北京歌华文化发展集团联合承办。

参展单位：共有参展企业 126 家。盛大，第九城市，广州光通，门户网站新浪、搜狐、网易，电信企业中国电信、中国联通，连锁网吧瑞得在线、东方卫星等国内知名企业等带着它们的最新产品和服务模式亮相本届网博会。

网博会特色：本次网博会分为展会和论坛两个部分。展览方面主要有六个特色展区：一是国家动漫游戏原创力量展示区，向世界展示中国动漫游戏原创力量的全新形象；二是全国示范性网吧展示区，以新形象、新技术、新环境、新内容为观众展示未来的网吧运营模式，并让观众亲身体验未来新概念网吧带来的便利与全新的功能服务；三是远程教育展示区，汇集了清华、人大等二十余所全国一流大学、中学等远程教育课程，通过卫星进行现场直播，以此体现信息技术对现代教育的推动作用；四是互动娱乐展示区，推出“快乐西游”、“传奇世界”、“泡泡堂”、“大话西游”等近百款国内外优秀网络游戏产品，供玩家在现场试玩；五

是中国数字图书馆进行现场全面展示，为各界演示全国文化信息资源共享工程及数字图书技术的应用；六是建立了与外国政府和相关机构的长期固定联系。例如，韩国网络游戏产业迅速崛起得力于韩国政府的大力支持，所以我们邀请了韩国游戏产业振兴院前来参展，以期充分借鉴其成功的经验。

论坛方面，本届网博会举办中国国际网络文化论坛、2004 中国网吧产业发展峰会和国家动漫游戏产业发展年会三个重要的论坛和研讨会。

（资料来源：郑彬：《会展物流》，电子工业出版社 2007 年版）

想一想：

1. 本界网博会的特色体现在哪些方面？

2. 一个博览会获得成功的关键是什么？

一个会展活动要获得成功，首先，该活动符合相关法律法规的要求，如承办者的主体资格合法，符合申报条件；申报手续合法；经相关监管部门审批。这样该会展活动才能顺利举办。其次，在活动的过程中，举办单位有着一定的权利和义务，在会展活动期间接受相关管理部门的监督，如出现违反会展相关法律和法规的情况，相关单位必须承担相应的法律责任。这些都是会展活动能获得成功的必要条件。

本单元，我们一起来了解在我国国内举办会展活动的申报与审批程序、主办单位的主要职责以及违反会展法律法规的应承担的责任，以及国内办展关于展品的产品质量、报关、保险等相关规定。

模块一　会展的类别及等级划分

一、展览会的分类标准

我们所称的展览会是指举办单位（包括主办单位和承办单位）在境内以招展方式在固定的场馆及预定时期内举办的，通过物品、技术或者服务的展示，进行信息交流，促进科技、贸易发展的商业性活动，包括博览会、展览会、洽谈会、交易会、采购会等。

（一）展览会的种类

1. 按展览性质来划分，展览会分为贸易和消费两种性质。贸易性质的展览会是为产业即制造业、商业等行业举办的展览，展览的主要目的是交流信息、洽谈贸易。消费性质的展览是为公众举办的展览，基本上都展出消费品，目的是直接销售。展览的性质由展览组织者决定，可以通过参观者的成分反映出来：对工商界开放的展览是贸易性质的展览，对公众开放的展览是消费性质的展览。

2. 按展览内容来划分，展览分为综合展览和专业展览两类。综合展览是指包括全行业或数个行业的展览会，也被称做横向型展览会，如工业展、轻工业展。专业展览是指展示某一行业甚至某一项产品的展览会，如钟表展。专业展览会的突出特征之一是常常同时举办讨论会、报告会，用以介绍新产品、新技术。

3. 按展览规模来划分，展览会分为国际、国家、地区、地方展，以及单个公司的独家展。规模是指展出者和参观者所代表的区域规模，而不是展览场地规模。不同规模的展览有不同的特色和优势，应根据企业自身条件和需要来选择。

4. 按展览时间来划分，展览会分为定期和不定期两种。定期的有一年四次、一年两次、一年一次、两年一次等。不定期展会则是视需要和条件举办，分长期和短期。长期展可以是3个月、半年，甚至常设，短期展一般不超过1个月。在发达国家，专业贸易展览会一般是3天。

5. 按展览场地来划分，展览会场馆分为室内场馆和室外场馆两种。室内场馆多用于展示常规展品的展览会，比如纺织展、电子展。室外场馆多用于展示超大超重展品，比如航空展、矿山设备展。

在几个地方轮流举办的展览会被称做巡回展。

（二）商务部对展览会的分类标准

1. **重点发展类展览会**，是指由商务部单独主办或作为第一主办单位的，对国民经济和商务工作发展有重大影响的全国性展览会。具体标准如下：（1）对全国经济发展有重大作用和意义，配合国家重大战略实施或配合外交外贸多边或双边工作的需要。（2）具有全国性、综合性或较强专业性，国内参展商来自全国一半以上省（区、市），且展位比例达到30%以上；综合性展览会参展的主要行业在三个以上，专业观众总人次不少于观众总人次的50%；专业性展览会专业观众总人次不少于观众总人次的90%；涉外领域展览会境外观众人次不少于观众总人次的30%。（3）综合性展览会展览面积不少于3万平方米；专业性展览会展览面积不少于2万平方米；特殊装修展位面积比例不少于40%。（4）如非商务部发起举办的展览会，应已连续举办三届以上。

2. **参与主办类展览会**，是指对促进国民经济和商务工作发展有重要影响的全国或区域性展览会，涉外领域的展览会以省级人民政府、国务院有关部门或其他副部级以上单位为主举办，商务部作为共同主办单位；非涉外领域的展览会以省级人民政府、国务院有关部门、其他副部级以上单位和全国性行业组织或民间组织为主举办，商务部作为共同主办单位。具体标准如下：（1）对全国或区域经济发展有重要作用和意义；（2）在展览会总体方案中，应有按照市场化、专业化运作的规划；（3）国内参展商来自全国1/3以上省（区、市），且展位比例达到20%以上；综合性展览会参展的主要行业在三个以上，专业观众人次不少于观众总人次的40%；专业性展览会专业观众人次不少于观众总人次的70%；涉外领域展览会境外观众人次不少于观众总人次的20%；（4）展览会展览面积不少于2万平方米；特殊装修展位面积比例不少于30%。

3. **支持引导类展览会**，是指对主要行业和区域经济发展有积极作用、发展潜力较大的行业性和地方性展览会，涉外领域的展览会以省级人民政府、国务院有关部门或其他副部级以上单位为主举办，商务部作为协办或支持单位；非涉外领域的展览会以省级人民政府、国务院有关部门、其他副部级以上单位和全国性行业组织或民间组织为主举办，商务部作为协办或支持单位。具体标准如下：(1) 有利于扩大消费，促进经济增长；有利于经济结构调整和产业优化升级及在业内具有重大影响，成长性好；对主要行业和区域经济发展有积极作用。(2) 涉外领域展览会专业观众人次占观众总人次的比值不少于40%，境外观众人次不少于观众总人次的1%。(3) 展览会展览面积不少于1万平方米；特殊装修展位面积比例不少于20%。

二、专业性展览会等级的划分及评定标准

国家经贸委2002年12月批准了《中华人民共和国商业行业标准SB/T10358—2002专业性展览会等级的划分及评定》(简称《标准》)，并于2003年3月1日起实施。目前，我国只制定了专业性展览会的等级划分标准。

在《标准》中，将专业性展会的等级评定从高到低分为A、B、C、D四个级别，同时指出了划分等级的主要构成要素分别为展览面积、参展商、观众、展览的连续性、参展商满意率和相关活动等方面，并具体规定了专业性展览会的等级评定条件（见表6-1）。

表6-1 专业性展览会等级评定条件

评定指标	A级	B级	C级	D级
展览面积： 展出净面积不少于 特殊装修展位面积比至少达到	5 000平方米 20%	3 000平方米 10%	2 000平方米 5%	1 000平方米
参展商： 境外参展商展位面积与展出净面积的比值不少于	20%	10%	5%	
观众： 展览期间专业观众人次与观众总人次的比值不少于	60%	50%	40%	30%
境外观众人次不少于观众总人次的	5%	2%	1%	
展览的连续性： 同一个专业性展览会连续举办不少于	5次	4次	3次	2次
参展商满意率： 参展商满意率的评价按“参展商满意率调查表”的调查结果进行，其中总体评价结论为“很满意”和“满意”的数量总和应不低于参展商总数的	80%	75%	70%	65%
相关活动：	专业性展览会期间组织与专业性展览会主题相关的活动	专业性展览会期间组织与专业性展览会主题相关的活动		

该标准之后的附录中，对专业展览会等级的具体评定标准做出了规定。这个规定是采用对专业性展会各构成要素的评分来确定其等级的，所有构成要素的满

分是 720 分，其中“展出净面积及特殊装修展位面积比”一项分值为 150 分；“参展商”一项的分值为 70 分；“观众”为 100 分；“展览的连续性”为 50 分；“参展商满意率”为 150 分；“相关活动”为 80 分（标准中并未对活动的量作界定，所以对此项可理解为在展会期间只要组织与展会主题相关的各种活动就可获得此项分值）。附录还规定，A 级的最低分数线为 546 分，B 级为 420 分，C 级为 216 分，D 级则为 108 分。各个构成要素的量不同，其分值也有差别，比如，展出净面积不少于 1.5 万平方米，就可以获得该要素的最高分 75 分，而展出面积不少于 1 万平方米的可获 65 分，不少于 5 000 平方米的可获 50 分等。具体评分标准如表 6－2 所示。

表 6－2　　专业性展览会等级划分及评定标准

A1 评分说明			
A1.1 本标准满分为 720 分			
A1.2 各等级应达到的最低分数： A 级：546 分　B 级：420 分 C 级：216 分　D 级：108 分			
A2 评分标准	各大项的得分汇总栏	各分项的得分汇总栏	计分栏
A2.1 展出净面积及特殊装修展位面积比	150		
A2.1.1 展出净面积不少于 1.5 万平方米		75	75
展出净面积不少于 1 万平方米			65
展出净面积不少于 5 000 平方米			50
展出净面积不少于 3 000 平方米			35
展出净面积不少于 2 000 平方米			20
展出净面积不少于 1 000 平方米			10
A2.1.2 特殊装修展位面积比不少于 30%		75	75
特殊装修展位面积比不少于 20%			55
特殊装修展位面积比不少于 10%			35
特殊装修展位面积比不少于 5%			15
A2.2 参展商	70		
境外参展商展位面积与展出净面积的比值不少于 40%		70	70
境外参展商展位面积与展出净面积的比值不少于 30%			55
境外参展商展位面积与展出净面积的比值不少于 20%			40
境外参展商展位面积与展出净面积的比值不少于 10%			30
境外参展商展位面积与展出净面积的比值不少于 5%			20

续表

A2.3 观众	100		
A2.3.1 展览期间专业观众人次与观众总人次的比值不少于 70%		50	50
展览期间专业观众人次与观众总人次的比值不少于 60%			40
展览期间专业观众人次与观众总人次的比值不少于 50%			30
展览期间专业观众人次与观众总人次的比值不少于 40%			20
展览期间专业观众人次与观众总人次的比值不少于 30%			10
A2.3.2 境外观众人次不少于观众总人次的 40%		50	50
境外观众人次不少于观众总人次的 10%			35
境外观众人次不少于观众总人次的 5%			20
境外观众人次不少于观众总人次的 2%			10
境外观众人次不少于观众总人次的 1%			5
A2.4 展览的连续性	50		
同一个专业性展览会连续举办不少于 5 次			50
同一个专业性展览会连续举办不少于 4 次			40
同一个专业性展览会连续举办不少于 3 次			30
同一个专业性展览会连续举办不少于 2 次			20
A2.5 参展商满意率	150		
参展商满意率调查表中对展览会的总体评价结论为“很满意”和“满意”的数量总和不低于参展商总数的 85%			150
参展商满意率调查表中对展览会的总体评价结论为“很满意”和“满意”的数量总和不低于参展商总数的 80%			120
参展商满意率调查表中对展览会的总体评价结论为“很满意”和“满意”的数量总和不低于参展商总数的 75%			90
参展商满意率调查表中对展览会的总体评价结论为“很满意”和“满意”的数量总和不低于参展商总数的 70%			70
参展商满意率调查表中对展览会的总体评价结论为“很满意”和“满意”的数量总和不低于参展商总数的 65%			50
A2.6 相关活动	80		
展览会期间组织与展览会主题相关的各种活动			80
A2.7 附加评定项	120		
A2.7.1 主办（承办）方通过 GB/T 19001—2000 质量管理体系认证			20
A2.7.2 展馆方通过 GB/T 19001—2000 质量管理体系认证			20
A2.7.3 展馆方通过 GB/T 28001—2001 职业健康安全管理体系认证			20

续表

A2.7.4 装修和搭建的主要承办方通过 GB/T 19001—2000 质量管理体系认证			15
A2.7.5 装修和搭建的主要承办方通过 GB/T 28001—2001 职业健康安全管理体系认证			15
A2.7.6 展览运输的主要承办方通过 GB/T 19001—2000 质量管理体系认证			15
A2.7.7 展览运输的主要承办方通过 GB/T 28001—2001 职业健康安全管理体系认证			15

模块二 国内办展的审批与举办

一、国内会展举办单位的资格条件

为规范会展行业，促进我国会展业朝着健康有序的方向发展，我国政府对各类会展的举办单位资格有着严格的规定。

（一）国内商品展销会举办单位资格的规定

商品展销会，是指由一个或者若干单位举办，具有相应资格的若干经营者参加，在固定场所和一定期限内，用展销的形式，以现货或者订货的方式销售商品的集中交易活动。根据《商品展销会管理办法》规定，举办商品展销会应当经工商行政管理机关核发“商品展销会登记证”后方可进行。商品展销会的举办单位应当具备下列条件：（1）具有法人资格，能够独立承担民事责任；（2）具有与展销会相适应的资金、场地和设施；（3）具有相应的管理机构、人员、措施和制度。

（二）境内举办对外经济技术展览会主办单位资格的规定

在我国境内举办的对外经济技术展览会包括国际展览会、对外经济贸易洽谈会、出口商品交易会和境外民用经济技术来华展览会等。举办对外经济技术展览会，应有利于促进我国对外经贸事业发展，促进对外经济技术交流与合作，有利于引进先进技术和设备，推动国内生产、工艺、技术进步，加快出口产品升级换代。展出内容应是符合国家产业政策，具有世界先进水平的技术、设备和制成品。

对外经济技术展览会的主办和承办单位必须具有外经贸主管部门批准的主办和承办资格；境外机构在华举办经济技术展览会，必须联合或委托我国境内有主办资格的单位进行。根据《关于审核境内举办对外经济技术展览会主办单位资格的通知》的规定，举办对外经济技术展览会的境内主办单位应具有以下资格：（1）必须具有商务部审核批准的主办资格。（2）除省级、副省级市人民政府或省级外经贸主管部门以及国务院部门以外的境内主办单位，还应具备：①具有组织招商招展能力和承担举办展览的民事责任能力；②设有专门从事办展的部门或机构；③拥有相应的展览专业（包括策划、设计、组织、管理及外语）人员；④具有完善的办展规章制度；⑤曾参与承办和协办五个以上较大规模的国际性展览会。

（三）国外来华经济技术展览会举办单位资格的规定

凡展示国外技术、设备、制成品并对展品进行留购或为配合进口而举办的国外来华展览会均属国外来华经济技术展览会。在对外贸易经济合作部《关于举办来华经济技术展览会审批规定》中，对国外单位来华举办经济技术展览会的举办单位资格进行了界定：国外来华经济技术展览会应由各级国际贸易促进委员会及其所属展览公司（中心）及经商务部及其授权单位批准有举办国外来华经济技术展览会经营范围的公司主办。各类学会、协会，无外贸经营权的企业、事业，均不得自行举办国外来华经济技术展览会。国家级双边经济技术展览会原则上由中国国际展览中心主办。

（四）对台经济技术展览会举办单位资格的规定

在祖国大陆举办的对台湾经济技术展览会包括：海峡两岸的经济技术展览会；对台湾出口商品交易会；台湾商品展览会；台湾厂商参展的国际性展览会、博览会；台湾厂商参展的全国性展览会。商务部发布的《在祖国大陆举办对台湾经济技术展览会暂行管理办法》中，加强了对台经贸展览会组办单位的特殊要求，其具体内容包括：(1) 对台湾经济技术展览会的举办单位（包括主办单位和承办单位）的责任、资格和展览行为按照商务部《在境内举办对外经济技术展览会管理暂行办法》的规定执行。(2) 台湾民间机构在祖国大陆举办对台湾经济技术展览会，必须联合或委托大陆具有主办资格的单位举办。在大陆的招商招展由大陆的主办单位负责。(3) 台湾的主办单位应是具有相当规模和办展实力、信誉良好的展览机构、大型公司、经济团体或组织（包括经济贸易促进机构、同业公司、行业协会等）。

二、国内会展举办的申报手续

在我国，任何单位举办任何形式的展会，在其举办之前，都需要提前向各级主管部门进行申报，可以进行申报的单位主要有主办单位的主管部门、会展举办地的工商行政管理部门等。得到批准后，方可组织参展单位参展。

（一）向主办单位的主管部门申报

从2004年起，我国国内会展活动的申报审批制已改为由政府主管部门按大型活动备案制管理；国际会展活动仍由商务部或中国国际贸促会、科技部按项目申报审批制管理。向主管部门申报立项时需要提交的材料主要包括：(1) 招商、招展方案和计划；(2) 合作单位证明材料（主办单位与承办单位、主办单位与协办单位等），联合或委托办展证明材料（境外机构联合或委托境内单位举办的需报）；(3) 办展可行性报告（首次举办的需报）；(4) 责任承诺书；(5) 场地租用情况证明材料；(6) 安全防范工作方案；(7) 上年度办展的总结和会刊；(8) 其他相关材料（请注明）。

（二）向会展举办地工商行政管理机关申报登记

主办或承办单位应向所在地工商管理局提出举办会展的登记申请。根据《商品展销会管理办法》的规定：（1）展销会举办单位应当向举办地工商行政管理机关申请办理登记；（2）若干个单位联合举办的，应当由其中一个具体承担商品展销会组织活动的单位向举办地工商行政管理机关申请办理登记；（3）县级人民政府举办的商品展销会，应当向举办地地级工商行政管理机关申请办理登记；地、省级人民政府举办的商品展销会，应当向举办地省级工商行政管理机关申请办理登记；（4）异地举办商品展销会的，经申请举办单位所在地工商行政管理机关核转。

向会展举办地工商行政管理机关申报立项时需出具的材料包括：（1）举办人具备法人资格的证明材料；（2）举办会展的项目申请书，内容包括会展项目的名称、起止时间和地点、参展商品类别、举办单位的银行账号、举办单位负责人名单、会展筹备办公室地址等；（3）当地政府的立项批复；（4）会展的组织实施方案；（5）场地使用证明等材料。举办一般规模的会展活动应提前 6 个月申请报批，举办规模较大的会展活动应提前 12 个月申请报批。一般国内会展举办的申报登记部门如表 6－3 所示。

表 6－3　国内会展举办的申报登记部门

展览类型	经贸类		科技类	
	国家	地方	国家	地方
国内展	工商总局	市工商局	工商总局	市工商局
国际展	商务部	市外经贸委	科技部	市科委
国际会议	外交部	市外事办	科技部	市科委

三、会展举办的审批程序

不同类型的展会由于其性质、内容及其涉及的地域、部门等不同，其审批的主管部门、内容及程序也不同。

（一）国内普通商品展销会的审批

2002 年 11 月，国务院取消了关于全国性非涉外经济贸易展览会的审批制，改为登记制，只需到举办地工商管理局登记即可。工商行政管理机关应当自接到申请之日起 15 日内，作出准予登记或者不予登记的决定。准予登记的，发给“商品展销会登记证”；不准予登记的，书面通知申请人并说明理由。“商品展销会登记证”应当载明商品展销会名称、举办单位名称、商品展销会负责人、参展商品类别、商品展销会地点及起止日期等内容。举办单位领取“商品展销会登记证”后，方可发布文告，进行招商。

（二）在我国境内举办对外经济技术展览会的审批

根据国务院办公厅《关于对我国境内举办对外经济技术展览会加强管理的通

知》规定，对展览面积在1 000平方米以上的对外经济技术展览会，实行分级审批管理，即不同类型、级别的展览会归口到不同部门进行审批和管理。

1. 以国务院部门或省级人民政府名义主办的国际展览会、博览会等，报国务院审批。对国务院已批准的以国务院部门或省级人民政府名义主办的对外经济技术展览会，如需要再次举办，由商务部受理申请，对符合国家产业政策及当地产业特点，达到一定办展规模和办展水平，企业反映良好且取得较好社会经济效益的，由商务部直接审批，并报国务院备案；经审核不宜或不宜再次举办的，由商务部提出处理意见，报国务院审批后函复主办单位。

2. 国务院部门所属单位主办的以及境外机构主办的对外经济技术展览会，报商务部审批。对在北京以外地区举办的，主办单位须事先征得主办地商务主管部门同意。

3. 省级外经贸主管部门主办的和各省（自治区、直辖市）联合主办的对外经济贸易洽谈会和出口商品交易会，由商务部审批。地方其他单位主办的对外经济技术展览会，由所在省、自治区、直辖市外经贸主管部门审批，并报商务部备案。

4. 以科研、技术交流、研讨为内容的展览会，由国家科学技术委员会负责审批。

5. 中国国际贸易促进委员会系统举办的对外经济技术展览会，由中国国际贸易促进委员会审批并报商务部备案。对其中在北京以外地区举办的，主办单位应事先征得举办地外经贸主管部门同意。

6. 对外经济技术展览会凡涉及台湾地区厂商或机构参展的，应报商务部审批，报国务院台湾事务办公室备案。海峡两岸的经济技术展览会，由商务部会同国务院台湾事务办公室审批。

面积在1 000平方米以下的对外经济技术展览会，可由主办单位自行举办，报相应的审批部门备案，海关凭主管部门备案证明办理相关手续。

举办对外经济技术展览会由主办单位申请报批。属于两个或两个以上单位联合主办的，由承担办展民事责任的主办单位申请报批。境外机构联合或委托境内有主办资格的单位举办国际展览会，由境内单位申请报批。申请报批的单位按审批对外经济技术展览会需审查的内容和要求，向审批部门申报并提交有关文件和资料。申请报批时间原则上应提前12个月。商务部对所报材料进行审核，对符合条件的主办单位授予其主办单位资格，并分期分批予以公布。凡取得商务部批准文件的主办单位，必须在取得文件之日起30日内，持批准文件到工商行政管理部门办理登记。

提示：

对外经济技术展览会批准文件的主要内容包括：展览会名称；主办单位；展览会的主要业务内容、规模、举办地点、时间；其他需要批准或备注事项。

（三）来华经济技术展览会的审批

在《关于举办来华经济技术展览会审批规定》中，对来华经济技术展览会的审批程序作了如下说明：由中国国际展览中心举办的国外来华经济技术展览会，报中国国际贸易促进委员会批准，并报商务部备案。其他有举办国外来华经济技术展览经营范围的企业、事业单位及各外贸总公司、工贸总公司举办国外来华经济技术展览会，报商务部批准。各外贸总公司、工贸总公司为配合进口订货举办的展出场地面积在500平方米以下的小型技术交流会、国外样品展示会，由公司自主办理，免办批准手续。各省、自治区、直辖市、计划单列市国际贸易促进委员会及所属展览公司，以及有举办国外来华经济技术展览经营权的企业、事业单位举办展览会，报各省、自治区、直辖市、计划单列市人民政府或其授权单位批准，并报商务部备案。

(四) 在祖国大陆举办对台湾经济技术展览会的审批

根据商务部于1998年12月发布的《在祖国大陆举办对台湾经济技术展览会暂行管理办法》，举办海峡两岸的经济技术展览会，由商务部会同国务院台湾事务办公室审批；举办其他对台湾经济技术展览会，由商务部负责审批，报国务院台湾事务办公室备案；地方由经贸主管部门审批。审批中需审查的内容包括：(1) 政治内容，即不得出现“台湾独立”、“两个中国”、“一中一台”等政治问题，台湾厂商参展的宣传品、杂志、电子出版物等资料中不得有代表“中华民国”的字样、图片、音乐等；(2) 展览会名称、展品内容、展出面积、时间、地点、筹组方案和计划等，即祖国大陆与台湾省联合举办的经济技术展览会，应冠以“海峡两岸”的名称，各省（市、区）与台湾省联合举办的，则应分别冠以该省（市、区）与台湾省之名（如“闽台××展览会”、“沪台××展览会”等)。展品应符合国家知识产权保护法和国家产业政策，具有先进水平，有利于扩大海峡两岸经贸交流与合作。

申请报批的单位在报批中应向商务部提交的有关文件和资料包括：邀请台湾厂商参展的国际性及全国性展览会、博览会，应提交有关主管单位的批件、参展台湾厂商的名单（中文)、展品内容、展出面积等详细清单，并提前1个月申请报批；举办海峡两岸的经济技术展览会、对台湾出口商品贸易会、台湾商品展览会，应提交展览会的筹组计划和方案、可行性研究报告、参展企业及其展品的有关情况等，并提前6个月申请报批。

模块三　会展的管理和监督

一、会展举办单位的主要职责

会展举办单位是指符合会展举办单位资格的会展组办单位、协办单位及组展单位等。对于国内普通的商品展销会、在境内举办的对外经济展览会及出国举办的经贸展览会，其举办单位的主要职责是不同的。

(一) 国内商品展销会举办单位的主要职责

根据《商品展销会管理办法》规定，国内商品展销会举办单位、参展经营者的主要职责是：(1) 举办单位负责商品展销会的内部组织管理工作，对参展经营者的参展资格进行审查，并将审查情况报告该商品展销会的登记机关备案；(2) 举办单位应当与参展经营者签订书面合同，明确双方的权利和义务；(3) 参展经营者的经营行为损害消费者合法权益的，消费者可以向参展经营者或者举办单位要求赔偿。举办单位为两个以上的，消费者可以向具体承担商品展览会组织活动的举办单位要求赔偿，其他举办单位承担连带责任；(4) 参展经营者必须具有合法的经营资格，其经营活动应当符合国家法律、法规、规章的规定；(5) 未经国务院有关行政主管部门批准，商品展览会名称不得使用“中国”、“全国”等字词。

（二）在境内举办对外经济展览会举办单位的主要职责

对外经济技术展览会的举办单位包括主办单位和承办单位。根据《关于在境内举办对外经济展览会管理暂行办法》(简称《暂行办法》) 的规定，主办单位主要负责制订并实施举办对外经济技术展览会的方案和计划、组织招商招展、负责财务管理，并承担举办展览的民事责任。承办单位主要负责布展、展览施工、安全保卫及会务事项。

为了更好地履行职责，《暂行办法》要求主办单位和承办单位的展览行为必须规范，要维护参展商的合法权益。为此，《暂行办法》强调了以下几方面的内容：

(1) 主办单位与承办单位之间以及主办单位之间必须签订规范的办展协议，明确职责分工及承担办展民事责任单位等事项。

(2) 招商招展由主办单位负责。除以国务院部门和省级人民政府名义主办的国际展览会，其他均不得以组委会或筹委会名义招展。

(3) 招展文件或招展（参展）合同必须明确主办单位和参展单位的权利和义务，明确承担办展民事责任的单位。

(4) 举办以国际展为名称的对外经济技术展览会，境外参展商（不包括境内外商投资企业）比例必须达到20%以上。

(5) 组织招商招展必须以企业自愿为原则，不得通过行政干预招展，举办对外经济技术展览会的广告、宣传材料必须真实可靠，未经同意，不得将其他单位列为支持（赞助）单位。

(6) 主办单位在办展结束后一个月之内，按照商务部规定的内容和要求，向审批部门报送展览情况的总结报告，对由境外机构主办并境内单位承办的展览，由承办单位报送。

二、会展业务的检查监督

国家各级管理机关在各类会展法规中对会展的申报、审核、组织、管理及检查监督都有严格规定。

（一）对国内普通商品展销会的检查与监督

《各类商品和技术交流活动管理试行办法》对会展活动的监督和管理提出了下列要求：

1. 展销交流活动的批复文件是申办单位办展时行政机关监督、检查、指导整个展销交流活动过程的依据。申办单位应严格按照批复文件办展，不得擅自更改，如有变更事项，必须事先请示并经批准。

2. 展销交流活动结束后，主办单位或承办单位要在一个月内将展销活动的工作总结以书面形式报综合计划司及有关专业司局。全国行业性科技展销交流活动的总结报告同时报送国家科委备案。综合计划司负责向主管部长报告本年度展销交流活动的举办情况。

3. 承办单位要严格把关，认真审查，严防假冒伪劣商品进入展销交流活动。

4. 必须坚持社会效益为主的原则，不得以单纯营利为目的，要严格执行有关财经纪律，参照展销交流活动所在地政府的有关规定合理收取费用。

5. 必须严禁下列行为：（1）未按审批程序报批，自行决定举办展销交流活动；（2）未经过批准，擅自冠以“国内贸易部或国内贸易部主办”字样；（3）申办单位以转包的形式委托其他单位承办；（4）承办单位以转包的形式委托其他单位承办；（5）借机向企业摊派、拉赞助、搞集资或变相收取高额费用；（6）未经批准，擅自在展销交流活动期间搞各种评奖活动。

此外，《商品展销会管理办法》第五条还规定：“举办商品展销会，应当经工商行政管理机关核发《商品展销会登记证》后，方可进行。未经登记，不得举办商品展销会。”《商品展销会登记证》由国家工商行政管理局统一管理。《商品展销会管理办法》第十六条又规定未经国务院有关行政主管部门批准，商品展销会名称不得使用“中国”、“全国”等字词。

（二）对在境内举办对外经济展览会的检查与监督

根据《关于在境内举办对外经济展览会管理暂行办法》的有关规定，商务部从以下几方面对在境内举办的对外经济展览会进行检查、监督与协调管理：

1. 加强协调管理，规范展览行为。举办对外经济技术展览会，由商务部负责协调和管理。由商务部牵头，会同国家科学技术委员会、中国国际贸易促进委员会等单位，以召开联席会议的形式，定期通报审批和举办对外经济技术展览会情况，对外发布展览信息；研究对外展览业发展过程中出现的情况和问题，及时采取有效措施，加强协调管理；维护办展单位和参展单位的合法权益，保障对外展览业的健康发展；推动和扶持举办有特色、有规模、有影响的对外经济技术展览会。

2. 严格审批办法，避免重复办展。严格控制同类展览的数量，鼓励和推动联合办展，鼓励举办专业性展览会。对申请举办较多的同类展览，审批部门要加强协调，并对照“对外经济技术展览会分类目录”，按以下原则审批：（1）同类展览，原则上在同一省、自治区、直辖市及副省级市，每年不超过两个；（2）优先批准规模大、影响大、定期举办的展览；（3）优先批准具有行业优势和办展经验的单位举办的展览。

3. 境外展览品的监管。

（1）境外展览品监管由海关按照中华人民共和国海关《对进口展览品监管办法》执行。对1 000平方米以上展览的境外展览品的监管及留购，由办展地海关凭本办法规定的审批单位的批准文件办理；对1 000平方米以下的展览，海关凭主办单位申请，按规定办理。

（2）对外经济技术展览会的境外展览品不得擅自零售。对确需零售的，须事先报商务部批准，海关凭商务部批件按规定办理，并照章征收进口关税和其他税费。

三、违反会展法规的法律责任

国家各级部门在各项会展法规中对破坏市场经济秩序、扰乱会展市场发展的各种不良组展及参展行为或活动制定了相应的惩罚措施，并追究其法律责任。

（一）对国内商品展销会违反法规行为的处理

《商品展销会管理办法》第十五条规定："参展经营者的经营行为损害消费者合法权益的，消费者可以依照《消费者权益保护法》第三十八条的规定，向参展经营者或者举办单位要求赔偿。举办单位为两个以上的，消费者可以向具体承担商品展销会组织活动的举办单位要求赔偿，其他举办单位承担连带责任。"

根据《商品展销会管理办法》第十七条规定，举办单位、参展经营者有下列行为之一的，由工商行政管理机关予以处罚：

1. 举办单位未经登记擅自举办商品展销会，或者在登记中隐瞒真实情况、弄虚作假的，责令其改正，并视情节轻重，分别给予警告、处以违法所得额 3 倍以下的罚款，但最高不超过 3 万元；没有违法所得的，处以 1 万元以下的罚款。

2. 举办单位未领取"商品展销会登记证"，擅自发布广告，进行招商的，责令改正，并处以人民币 5 000 元以下罚款。广告经营者违反规定，为举办单位刊播广告的，处以人民币 5 000 元以下罚款。

3. 举办单位伪造、涂改、出租、出借、转让"商品展销会登记证"的，视情节轻重，分别给予警告、处以违法所得额 3 倍以下的罚款，但最高不超过 3 万元；没有违法所得的，处以 1 万元以下的罚款。

4. 举办单位负责商品展销会的内部组织管理工作，对参展经营者的参展资格进行审查，并将审查情况报告该商品展销会的登记机关备案。举办单位违反此规定的，视情节轻重，处以人民币 1 万元以下罚款。

5. 参展经营者必须具有合法的经营资格，其经营活动应当符合国家法律法规、规章的规定。参展经营者违反此规定的，依据国家有关法律、法规、规章予以处罚。

（二）在境内举办对外经济展览会违反法规行为的处理

《关于在境内举办对外经济展览会管理暂行办法》第二十一条规定，对违反本办法规定举办对外经济技术展览会以及在办展过程中有乱摊派、损害参展单位合法权益等违反法律法规行为的，由商务部取消其主办资格，并由有关部门依法查处。对不具备主办或承办对外经济技术展览会资格而擅自办展的，或者盗用其他单位名称办展的，或转让、转卖展览批准文件的，由各级外经贸主管部门和工商行政管理机关依法查处。对违反海关规定的，由海关依法处理。

模块四 国内办展关于展览品的有关规定

对于会展组办单位来说，最主要的是将自己的新产品和新技术展示给广大的客户，因此展会的主角——展览品是必不可少的。国内办展对于展览品也都有相关的规定。

一、展品产品质量法

我国展品的质量必须符合《中华人民共和国产品质量法》（以下简称《产品质量法》）的要求。

（一）产品

我国的《产品质量法》调整的产品范围包括：**以销售为目的，通过工业加工、手工制作等生产方式所获得的具有特定使用性能的物品。**未经加工的天然形成的产品，如原矿、原煤、石油、天然气等；以及初级农产品，如农、林、牧、渔等产品，不适用本法规定。建筑物、工程等不动产也不适用本法规定。动产则适用本法。在我国境内销售的属于本法所称产品范围的进口产品，适用本法的有关规定。

（二）产品质量

《产品质量法》中所称“产品质量”，是指产品满足适用性、安全性、可用性、可靠性、维修性、经济性和环境需要等所具有的特征和特性的总和。

（三）《产品质量法》的适用范围

从空间上说，《产品质量法》适用于在我国境内从事产品生产、销售活动，包括销售进口商品；从主体上说，《产品质量法》适用于生产者、销售者、用户和消费者以及监督管理机构；从客体上说，《产品质量法》只适用于生产、流通的产品，即各种动产，而不包括不动产。

（四）生产者与销售者的产品质量义务

1. 生产者的产品质量义务。

（1）生产者应当对其生产的产品负责，并使其生产的产品质量符合下列要求：不存在危及人身、财产安全的不合理的危险，有保障人体健康，人身、财产安全的国家标准、行业标准的，应当符合该标准；具备产品应当具备的使用性能，对产品存在使用性能的瑕疵作出说明的除外；符合在产品或者其包装上注明采用的产品标准，符合以产品说明、实物样品等方式表明的质量状况。

（2）遵守产品质量标识制度。产品或者其包装上的标识应当符合下列要求：有产品质量检验合格证明；有中文标明的产品名称、生产厂厂名和厂址；根据产品的特点和使用要求，需要标明产品规格、等级、所含主要成分的名称和含量的，相应予以标明；需要事先让消费者知晓的，应当在外包装上标明，或者预先向消费者提供有关资料；限期使用的产品，应当在显著位置清晰地标明生产日期和安全使用期或者失效日期；使用不当，容易造成产品本身损坏或者可能危及人身、财产安全的产品，应有警示标志或者中文警示说明。裸装的食品和其他根据产品的特点难以附加标识的裸装产品，可以不附加产品标识。

(3) 易碎、易燃、易爆、有毒、有腐蚀性、有放射性等危险物品以及储运中不能倒置和其他有特殊要求的产品，其包装质量必须符合相应要求，依照国家有关规定作出警示标志或者中文警示说明，标明储运注意事项。

(4) 对生产者禁止性行为的规定：生产者不得生产国家明令淘汰的产品；生产者不得伪造产地，不得伪造或者冒用他人的厂名、厂址；生产者不得伪造或者冒用认证标志、名优标志等质量标志；生产者生产产品，不得掺杂、掺假、不得以假充真、以次充好，不得以不合格产品冒充合格产品。

2. 销售者的产品质量义务如下：一是销售者应当执行进货检查验收制度，验明产品合格证明和其他标识。二是销售者应当采取措施，保持销售产品的质量。三是销售者销售的产品的标识应当保证产品标识符合产品质量法对产品标识的要求。四是不得违反禁止性规定：销售者不得销售失效、变质的产品；销售者不得伪造产地，不得伪造或者冒用他人的厂名、厂址；销售者不得伪造或者冒用认证标志、名优标志等质量标志；销售者销售产品，不得掺杂、掺假，不得以假充真、以次充好，不得以不合格产品冒充合格产品。

(五) 违反产品质量法的法律责任

1. 构成产品质量法律责任的条件：(1) 生产了不符合产品质量要求的产品；(2) 必须有人身伤亡或财产损失的事实；(3) 产品质量不合格与财产损害事实之间有因果联系。

提示：

销售者承担责任的归责原则是过错推定原则。

以上三点是生产者的产品责任构成要件，这是一种严格责任，对销售者而言，除了具备以上三个要件之外，还应以其过错的存在为要件。

2. 产品质量法律责任的范围。根据我国《产品质量法》的规定，违反产品质量法应当承担民事责任、行政责任或刑事责任。

(1) 民事责任。

第一，修理、更换、退货、赔偿损失责任。

第二，因产品存在缺陷造成人身、他人财产损害的，产品生产者应当承担赔偿责任。生产者能够证明有下列情况之一的，不承担赔偿责任：一是未将产品投入流通的；二是产品投入流通时，引起损害的缺陷尚不存在的；三是产品投入流通时的科学技术水平尚不能发现缺陷存在的。

第三，由于销售者的过错使产品存在缺陷，造成人身、他人财产损害的，或者销售者不能指明缺陷产品的生产者或供货者的，销售者应当承担赔偿责任。

第四，因产品存在缺陷造成受害人人身伤害的，侵害人应当赔偿医疗费、治疗期间的护理费、因误工减少的收入等费用；造成残疾的，还应当支付残疾者生活自助费、生活补助费、残疾赔偿金以及由其抚养的人所必需的生活费等费用；造成受害人死亡的，应当支付丧葬费、死亡赔偿金以及由死者生前抚养的人所必需的生活费等费用。造成受害人财产损失的，侵害人应当恢复原状或折价赔偿。受害人因此遭受其他重大损失的，侵害人应当赔偿损失。

第五，因产品存在缺陷造成人身、他人财产损害的，受害人可以向产品生产者要求赔偿，也可以向产品的销售者要求赔偿。属于产品生产者的责任，销售者在赔偿后有权向生产者追偿。属于产品销售者的责任，生产者在赔偿后有权向销售者追偿。

(2) 行政责任。生产者、销售者有违反《产品质量法》规定情形的，由有关行政管理部门视情节轻重分别给予责令更正、责令停止生产、没收违法所得、没收违法产品、罚款、吊销营业执照等行政处罚。行政处罚视情节轻重，既可单处，也可并处。

(3) 刑事责任。根据《产品质量法》和《刑法》中关于生产、销售伪劣商品犯罪的规定，如果生产者、销售者的行为触犯刑律的，应当承担刑事责任。

二、进口展品的通关及税费

1997 年 2 月，我国海关总署制定了《对进出口展览品监管办法》，并从当年的 4 月 1 日开始实施。在该办法中，对于展品的进出境的手续及税费作了以下明确的规定：

(一) 进口展览品的内容

1. 在展览会中展示或示范用的货物，物品。

2. 为示范展出的机器或器具所需用的物品。

3. 展览者设置临时展台的建筑材料及装饰材料。

4. 供展览品作示范宣传用的电影片、幻灯片、录像带、录音带、说明书、广告等。

(二) 展览品的进口通关流程

展览品的进口通关流程如图 6－1 所示。

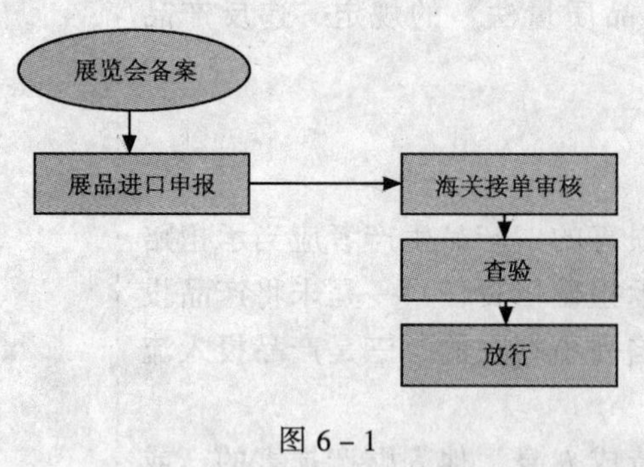

图 6－1

1. 展览会备案。来华举办展览会的单位，应当将有关批准文件抄送展出地海关，并向展出地海关办理备案手续。

2. 担保。展览品进境时，展览会主办单位、参展商或其代理人应向海关提供担保。担保形式可为相当于税款金额的保证金、银行或其他金融机构的担保书，以及海关认可的其他方式的担保。在海关指定场所或海关派专人监管的场所举办展览会，可免于向海关提供担保。

3. 进口展览品申报。展览会的主办单位或其代理人应向展出地海关提交转关运输申报单、进口货物报关单、展览品清单及相关单证，办理展览品进口申报手续。从非展出地海关进口的展览品，应当在进境地海关办理转关手续。主办单位或其代理人申报进口展览品时，应向海关提交展览品清单，清单内容填写应完整、准确，并译成中文。

4. 海关查验。展览会主办单位或其代理人应当于展览品开箱前通知海关，以备海关到场查验。海关对展览品进行查验时，展览品所有人或其代理人应当在场，并负责搬移、开拆、重新封货包装等协助查验工作。展览会期间展出或使用的印刷品、音像制品及其他海关认为需要审查的物品，应经过海关审查同意后，方能展出或使用。对我国政治、经济、文化、道德有害的以及侵犯知识产权的印刷品和音像制品，不得展出或使用，并由海关根据情况予以没收、退运出境或责令展出单位更改后使用。

5. 海关驻场监管。海关派员进驻展览场所执行监管任务时，展览会的主办单位或承办单位应当提供办公场所和必须的办公设备，并向海关支付规定的费用。未经海关许可，展览品不得移出展览品监管场所，因故需要移出的，应当报经海关核准。

6. 展览品核销。展览会闭幕后，展览会主办单位或其代理人应及时向展出地主管海关交验展览品核销清单一份。对于未及时退运出境的展览品，应存放在海关指定的监管场所或监管仓库，并接受海关监管。对于不复运出境的展览品，海关按照有关规定办理进口手续，展览会主办单位应及时向海关办理展览品进口结关手续，负责向海关缴纳参展商或其代理人拖欠未缴的各项税费。

7. 展览品复出境。展览会结束后，展览会主办单位或其代理人应向展出地海关办理海关核销手续。展览品实际复运出境时，展览会的主办单位或其代理人应向海关递交有关的核销清单和运输单据，办理展览品出境手续。对需要运至其他设关地点复运出境的展览品，经海关同意后，按照海关对转关运输的有关规定办理转关手续。一般情况下，展览品自进境之日起6个月内复运出境。如需延长复运出境期限应报经主管海关批准，延长期限最长不超过6个月。举办为期半年以上的展览会，应由主办单位或其代理人事先报海关总署审核。

（三）展品进出境的税费

1. 减免税规定。《对进出口展览品监管办法》规定，展览品属海关同意的暂时进口货物，进口时免领进口许可证，免缴进口关税和其他税费。展览品因不可抗力遭受损坏或灭失的，海关根据其受损状况，减征或免征关税和进口环节税。海关根据展览会的性质、参展商的规模、观众人数等情况，在数量和总值合理的范围内，对下列进口后不复运出境的货物免征进口关税的进口环节税（不适用于含酒精饮料、烟叶制品及燃料）：

（1）在展出活动中能够代表国外货物的小件样品，包括原装进口的或在参展期间用进口的散装原料制成的仪器或饮料（不含酒精）的样品，但应符合以下条件：①由参展商免费提供并在展出期间专供免费分送给观众个人使用或消费的；②单价很小，用于广告样品的；③不适用于商业用途，且单位容量明显小于最小零售包装容量的；④食品及饮料的样品虽未按规定的包装分发，但确系在活动中消耗掉的。

（2）在展览会中专为展出的机器或器件进行操作示范所进口的，并在示范过程中被消耗或损坏的物料。

（3）展出者为修建、布置或装饰展台而进口的一次性廉价物品，如油漆、涂料及壁纸。

(4) 参展商免费提供并在展出期间专门用于向观众免费散发的与活动有关的宣传性印刷品、商业目录、说明书、价目单、广告招贴、广告日历及未装框照片等。

(5) 进口供各种国际会议使用或与其有关的档案、记录、表格及其他文件。

2. 征税展品。《对进出口展览品监管办法》规定，对于为举办展览会而进口的货物、物品，不符合减免税规定的，应一律照章征税。其具体办法是：

(1) 对于转为正式进口的展览品，海关按照有关规定办理进口手续。展览会主办单位应及时向海关办理转正式进口的展览品进口结关手续，负责向海关缴纳参展商或其代理人拖欠未缴的各项税费。

(2) 展览会期间出售的小卖品，其主办单位或其代理人应当向海关交验我国对外贸易管理部门的批准文件，并向海关缴纳进口关税和其他税费。

(3) 对于经海关许可，展览品所有人予以放弃和赠送的货物，由海关按照有关规定处理。展览品因毁坏、丢失或被窃而不能复运出境的，展览会主办单位或其代理人应及时向海关报告，并办理有关手续。对于毁坏的展览品，海关根据毁坏程度估价征税；对于丢失或被窃的展览品，按照进口同类产品照章征税。

(4) 展会所需的样品需超出限量进口的，超出部分应照章纳税。

(5) 为示范所进口的物料以及为装饰进口的一次性廉价物品，其未使用或尚未被消耗的部分，如不复运出境，应按规定办理进口手续并照章纳税。

(6) 参展商免费发放的宣传性资料如未在展览会期间分送完，展览会结束如需留在国内的，主办单位或其代理人应按照我国对有关印刷品进口的管理规定办理进口手续并照章纳税。

三、会展物流及展品物流保险

(一) 会展物流

会展物流，是指将参展物品和其他辅助用品从参展商处运送至展览场馆，然后再返回至参展商或将物品直接运送至购买者处的运动过程，这是会展活动的重要环节。

1. 会展物流的三环节。

(1) 展前物流，是指在展览开始之前，展品及相关物品的运送活动，如展品进口报关、装箱、运输、卸载等。

(2) 展中物流，是指在展览活动期间相关物品的补充运送活动，如展品的库存管理、配送等。

(3) 展后物流，是指展览结束之后的物流活动，如展品装箱、回运及废弃品物流等活动。

2. 会展物流的内容。展览物流的基本活动可分为展品海关检验、展品装载、展品运输、展品搬卸、展品仓储和展品配送等。每一个展览物流环节由相应的物流模块组成，共同完成展览物流任务。

相关链接

展前物流服务委托书

参展单位：（盖章）　　　　　　　　展位号：
电　　话：　　　　　　　　　　　　传　　真：
电子信箱：　　　　　　　　　　　　联系人：
起运地：　　　　　　　　　　　　　目的地：
运输方式：□空□铁□陆

展位号：				货物总件数				
箱号	包装式样	品名	长（米）	宽（米）	高（米）	体积（立方米）	重量（千克）	备注
总计：				________立方米 ________千克				

请在以下服务事项中打√：

一、进馆

□展品到达××市后有关文件处理　　□展品从××市机场运送至主运输仓库
□展品从××市火车站接货运送至仓库　　□展品从××市汽车站接货运送至仓库
□展品从仓库接货运送至展馆　　□展品从展馆门口接货运送至展位
□进馆前存放展品并在开馆后送至展位
□帮助参展单位开箱并安放重件（不含组装）
□闭馆时将展品包装材料及空箱送到展位　□运送空箱和包装材料至仓库保存
□将展品装箱并运到展馆门口　　□代办展品保险

二、出馆

□帮助参展单位装箱并运至目的地　　□将展品装箱并运到展馆
□代办展品保险　　□办理展品回运的有关文件手续

三、其他委托事项：

填写注意事项：

1. 一切业务均按照我公司标准营业条款办理。

2. 填写者必须对本委托书所填写的内容的正确性和真实性负责。

3. 展品包装必须符合运输的要求。我公司员工在展品进馆前对展品的体积和重量进行核对、更正，并按展览馆认定的报价计算进出馆费用，请参展单位确认。所有费用应在进馆前交付完毕。

4. 如展品卸车就位有特殊的（如吊装）要求，必须至少提前7个工作日书面通知我公司，特殊费用自理。所有自行运货的参展、搭建单位须于9月20日前向主运输单位申报进××货车数量及其吨位，以便主运输单位安排运力和进出馆顺序。

5. 进××市货车数量：__________；进××市货车吨位：__________。

6. 未申报车辆者，如果进货得不到保证，参展单位将自行负责。

特别提示：委托人盖章签字前，请认真阅读委托书上所列的各项内容和委托书背面的合同条款，如认为条款内容有加重自己责任或者排除自己主要权利的，双方可另行约定；如无异议，请签字盖章。您的签字盖章意味着您已阅读并接受本委托书背面的合同条款。　　委托人（签字盖章）

年　　月　　日

（二）展品物流保险

展品不同于普通财产。有的展品是珍品或孤品，价值连城；有的展品的价值有时效性，会展期间的价值与会展结束后的价值不同。展品保险属于特种财产保险，其保险金额宜采用定值保险的方式来确定，其保险期限通常就是展览期限。

会展期间存在的各种风险基本有以下几类：(1) 物流风险，是指展览展品或其他财物在运输、安装、展出、撤除以及再运输的整个过程中，由于自然灾害或意外事故引起的直接经济损失。(2) 财务损失风险，是指由于各种原因可能导致的会展取消或推迟而给组织者或参展商造成的损失。(3) 法律责任风险，包括会展组织者或参展方在展览过程中由于过失造成他方财产损失或人身伤亡时，依法应当承担的赔偿责任。(4) 人身伤害风险，包括组织者、参展商的人员或观众在展览会期间由于自然灾害或者意外事故受到的人身伤害。对于参展商而言，展品物流风险是最多发的，而展品物流保险可以帮助参展企业将风险降低到最小程度。

1. 展品物流风险分类。根据物流基本功能，可以将展品物流风险分为展品运输和搬运活动风险、展品配送活动风险、其他服务活动的风险。按照责任性质，可以将展品物流风险分为合同风险、侵权风险和不可抗力风险。

提示：

展品物流风险控制方法主要包括风险避免、损失控制、风险集合及风险转移四种。

2. 展品物流风险控制方法。**风险控制法，是指通过采取多种措施以减少损失的频率、减轻损失程度的一种风险管理的对策。**

(1) 风险避免，是指对某种可能发生的危险直接设法避免，这是风险管理最简单易行而又最经济安全的方法。当某种风险所能引起的损失大于承担该风险可能获得的收益时，可采取这种方法。

(2) 损失控制，是指对损失进行事先预防的事后控制，以减少损失发生的可能，减轻损失的程度。在损失控制的实施过程中，因目的不同，损失控制可分为损失预防和损失控制。

(3) 风险集合，是指具有同类风险的单位加以集合，共同承担该风险，使每一单位承担风险的能力提高。

(4) 风险转移，是指将可能发生的损失转移给其他人承受，风险本身并未发生变化，具体可以通过出售、分包及协议等方式转移，但不包括保险。

3. 物流保险，是指对物流活动过程中各主要环节运作风险的保障和理赔。

(1) 海运货物保险的范围。

①海上风险和损失。所谓海上风险，也称海难，是指船舶、货物在海上运输过程中所发生的固有风险。国际货物运输保险业务中的海上风险并不包括发生在海上的一切风险，同时又不局限于在航海中所发生的风险。从风险的性质上分，保险人所承保的海上风险主要有以下两种：

第一，自然灾害是指不以人们意志为转移的自然力量所引起的灾害，包括恶劣气候、雷电、海啸、地震、火山爆发、浪击落海等。

第二，意外事故是指偶然的非意料中的事故，包括搁浅、触礁、沉没、倾覆、碰撞、火灾、爆炸、陆上运输工具倾覆或出轨、抛货、吊索损害，以及海盗、船长或船员不法行为等。我国保险条款的意外事故不包括海盗。

②外来风险和损失，是指除海上风险以外的其他风险所造成的损失。这类损失不按损失的程度区分成全损和部分损失，而是按造成损失的原因分类以作为保险公司承保的依据。它分为一般外来风险所造成的损失和特殊外来风险所造成的损失。

(2) 展品保险的基本做法。这是展品在运输和展览过程中的保险。展品发运后,按清册价办理保险手续,并取得保险单。保险期从货物在仓库发运至运回仓库为止。分保业务可交由承保公司办理。其他险种根据强制性的保险要求以及实际需要,视具体情况决定,如战争险。运输途中货物发生破损丢失,应设法向事故责任方取得理赔单证。若无法取得理赔单证,则要求责任方书写证明书。受损方填好受损报告书,连同索赔清单交承保公司办理索赔手续。索赔期一般为一年。

本单元知识结构图

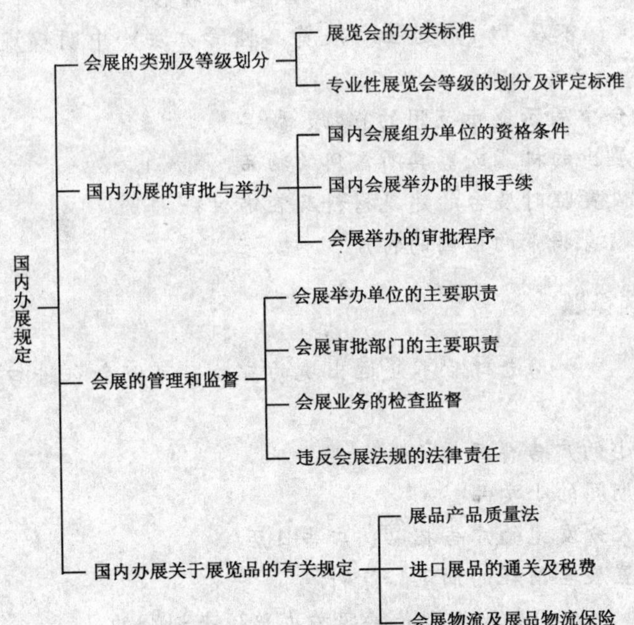

关键词

会展的申报和审批　展览品质量　展览品税费　展览品物流保险

练习与实训

一、单项选择题

1. 专业性展会的等级评定从高到低分为 A 级、B 级、C 级、D 级四个级别,其中B级的最低分数线为(　　)。

A. 760分　　B. 546分

C. 420分　　D. 216分

2. 以科研、技术交流、研讨为内容的展览会，由(　　)负责审批。

A. 国务院　　B. 商务部

C. 贸促会　　D. 国家科学技术委员会

3. 举办单位负责商品展销会的内部组织管理工作，对参展经营者的参展资格进行审查，并将审查情况报告该商品展销会的登记机关备案。举办单位违反此规定的，视情节处以人民币(　　)以下罚款。

A. 5 000元　　B. 1万元

C. 5万元　　D. 10万元

4. 风险管理最简单易行而又最经济安全的方法是(　　)。

A. 风险避免　　B. 损失控制

C. 风险集合　　D. 风险转移

5. 下列(　　)不属于《对进出口展览品监管办法》中明确规定的展览品的内容。

A. 在展览会中展示或示范用的货物、物品

B. 为示范展出的机器或器具所需用的物品

C. 展览者设置临时展台的建筑材料及装饰材料

D. 参展商随身携带的该国的特产

二、多项选择题

1. 下列(　　)进口后不复运出境的货物，可以免征进口关税和进口环节税。

A. 单价很小的广告样品

B. 展销会期间的小卖品

C. 展会后未分发完的广告招贴、广告日历

D. 用于布置展台消耗的油漆、涂料

2. 以下(　　)会议类型是按照举办单位来划分的。

A. 代表会议　　B. 公司类会议

C. 协会类会议　　D. 论坛

3. 根据《商品展销会管理办法》规定，商品展销会的举办单位应当具备以下(　　)条件。

A. 具有法人资格、能够独立承担民事责任

B. 具有与展销会相适应的资金、场地和设施

C. 具有相应的管理机构、人员、措施和制度

D. 具有举办展销会所需的相当数量的展览品

4. 下列(　　)部门属于会展的审批部门。

A. 举办地所属工商行政管理机关　　B. 会展组办单位上级审批及领导机构

C. 贸促会　　　　　　　　　　　　　D. 商务部

5. (　　　　)情形下，虽然产品存在缺陷造成人身、他人财产损害的，但生产者不需承担赔偿责任。

A. 购买者使用不当

B. 未将产品投入流通的

C. 产品投入流通时，引起损害的缺陷尚不存在的

D. 将产品投入流通时的科学技术水平尚不能发现缺陷的存在的

三、判断题

1. 未经加工的天然形成的产品，如原矿、原煤、石油、天然气等不适用《产品质量法》的规定；但初级农产品，如农、林、牧、渔等产品适用于《产品质量法》的规定。　(　　)

2. 丢失或被窃的展览品按照进口同类产品照章征税。　(　　)

3. 为了鼓励各单位办展，《关于在境内举办对外经济展览会管理暂行办法》规定，在同一省、自治区、直辖市及副省级市举办同类展览，数量不限，多多益善。　(　　)

4. 根据《产品质量法》的规定，裸装的食品和其他根据产品的特点难以附加标识的裸装产品，可以不附加产品标识。　(　　)

5. 销售者销售《产品质量法》规定禁止销售的产品，有充分证据证明其不知道该产品为禁止销售的产品并如实说明其进货来源的，可以免予处罚。(　　)

四、简答题

1. 根据《关于审核境内举办对外经济技术展览会主办单位资格的通知》规定，举办对外经济技术展览会的境内主办单位应具有什么样的资格？

2. 我国各单位举办展会之前，需要向各级主管部门提交哪些申报材料？

3. 简述来华经济技术展览会的审批程序。

五、案例分析

2005年1月10日，中国展览专业委员会在北京宣告成立。它聚集了全国八十多家组展单位，标志着中国展览组织者第一次有了一个全国性的组织。该组织系由行业内的龙头企业发起，会员自愿参与，其执行机构及主任、副主任、常务委员、秘书长等职务均由民主选举产生。该组织系社会团体性质的自律组织，它的成立弥补了全国性展览业协会缺位的遗憾；同时也将对展览产业链上其他专业组织的成立起到了示范作用。

想一想： 如何理解中国展览专业委员会作为会展组织者的法律性质？

第七单元 DIQIDANYUAN

出国办展规定

学习目标

- □ 熟悉出国参展外事纪律
- □ 了解出国参展外汇收支规定
- □ 掌握出国办展的申请与审批
- □ 掌握出境展品的报关程序
- □ 掌握出境展品的运输、保险基本知识

案例导读

中国展览业“引进来”与“走出去”

我国展览业是在服务业中较早开放的领域，国内广大的市场造就了一个拥有巨大吸引力的展览市场。外国展览企业“走进来”，给我国展览业带来了强烈的冲击，同时也带来了成熟的展览管理经验。德国展览企业在上海、北京、广州和其他一些城市的展览经营吸引了我国比较成熟的展览项目加入旗下，同时也吸引了我国展览从业人员。尽管目前的人才流动方向仍然是由国内会展企业到外资展览企业，但从长期来说，外国展览业在中国的本土化经营对我国会展业无疑是一场极好的培训。

德国展览公司将其优势产业海外拓展的过程，充分展示了展览业外向型、国际化的特性，其中的经验也十分值得我们借鉴。我国将国外展览业“引进来”，不但引进了优秀的展览项目和建造展馆的投资，也引进了国外专业的展览投资管理经验和对我国展览组织者的强大挑战。我国展览组织者通过学习国外知名展览企业在海外拓展的经验，大胆“走出去”，在国外举办自主品牌展览会，也将为我国展览业提升国际竞争力和迅速成熟起来起到重要的推动作用。品牌展览会不仅是具有“品牌”的优秀中国产品的展览会，更是作为产品本身具有独特卖点的优秀展览会，而且可以发展成为我国在国外举办的拥有国际参展商的领先展览会。我国本身的广大市场是基本参展需求的来源，国际市场对我国产品和服务的需求则是展览会取得成功的外在基础。确定有市场潜力而且贸易活跃的地区，选

择恰当的行业和产品内容，是确保展览会赢得足够数量的专业观众的基本条件。这将使具备条件的组展者走出去创立我国自主品牌展览会成为可能。国内有实力的组展者单独或联合到国外独立创办品牌展览会，并且由单独的中国商品展览会逐渐发展成为有国际参展商参展的展览会，将是我国展览业的一个飞跃。

我国展览业当前充满生机而富有挑战的现状，使得我国对国际展览业的“引进来”和向国际展览市场的“走出去”成为提高我国展览业界凝聚力，确保行业的可持续发展，促进其成熟和发展壮大的两股动力。

（资料来源：郑彬：《会展物流》，电子工业出版社 2007 年版）

模块一　国际博览展览章程公约

一、国际博览会联盟章程

（一）国际博览会联盟

1. 概况。国际博览会联盟（Union of International Fairs，UFI）成立于 1925 年，总部设在法国巴黎，是迄今为止世界博览会/展览会行业唯一的国际性组织。该组织是为了扩大国际贸易博览会在世界经济中的影响，促进国际经济交流，促进与代表国际展览业的整体利益而建立的一个非政治性协会。该组织的宗旨是研究这一机构的有关问题以及发展其会员所主办的贸易博览会和展览会的有效方法，促进会员之间的关系。UFI 的会徽被我国展览界人士俗称为“羊头”。当我们看到它冠于某展览会名称之前时，它就代表了当今展览的高水平。

2. UFI 的发展战略如下：（1）积极发展会员，特别是吸收展览场馆入会，以增强 UFI 在业界的代表性。（2）坚持严格的质量标准，并以此作为会员入会的必备条件。（3）UFI 向会员提供多样化的服务，以体现协会的整体性。（4）将 UFI 办成传播知识的中心，以求业内的共同发展。（5）在 UFI 内设立“智库”，为会员提供咨询服务。（6）与教育、科研等外界机构紧密合作，共同推动国际展览业的发展。

（二）国际博览会联盟章程

1. 联盟职责范围。《国际博览会联盟章程》确定的联盟的职责范围如下：（1）根据章程第八条款规定，授予综合性和专业性贸易博览会以“国际”资格；（2）采取一切必要措施协助会员在发展的世界经济中更加有效地开展活动；（3）对国际贸易博览会所共同关心的问题开展国际范围的研究；（4）代表会员参加相应的其他国际组织；（5）保护会员利益，并为此采取一切必要措施使有关国家政府当局注意并同意这一点；（6）在互相尊重对方利益的基础上，通过有关会员之间的对话，尽可能地协调获得本联盟认可的博览会的日程安排；（7）根据有关方面的要求，成立仲裁委员会，解决会员之间的纠纷；（8）努力寻求并使用一切合适的方法加强国际博览会联盟的国际地位，并为此目的开展宣传和信息工作；（9）为维护会员利益，对一切阻挠自由参加国际博览会的不公平行为采取一切其他必要的行动；（10）采取一切措施限制国际贸易博览会激增的趋势，即通过干预各国负责机构，使这些机构授予只有符合本章程第八条规定的贸易博览会和展览会以"国际"资格；（11）向贸易博览会组织者，尤其是发展中国家的组织者提供其要求的技术帮助。国际博览会联盟不干涉会员的内部事务，但是会员均给予国际博览会联盟为保证会员之间良好关系的行事权。

2. 联盟会员。UFI 是一个非政治性、非营利性的组织，其会员不是单独的个体，而是与展览业有关的公司、协会以及相应的管理机构。《国际博览会联盟章程》规定的接纳会员的条件包括：（1）一个组织者至少有一个展览会符合章程第八条的规定，方可能被接纳为联盟会员。（2）在会员组织者场地上举行的但是由第三者组织的展览会，在任何情况下都不能由会员组织者向联盟申报批准。（3）联盟成员必须完全无保留地接受本章程、联盟可能制定的任何规定以及联盟所作的符合这些章程规定的修改。

展览协会要成为 UFI 的成员，必须是在一定的区域内具有广泛的代表性和权威性。而要成为 UFI 的认可展会，必须是在一定的领域和地域内具有领先市场地位的展览会。

根据《国际博览会联盟章程》第八条的规定，联盟依据下列条件认可展览会：

（1）必须是符合下述（3）规定标准的国际性展览会。

（2）如有规定，展览会必须由该国有关当局正式承认并认定为国际性。

（3）必须具备以下条件之一（并给予证明），是否符合，需经专业审计机构或联盟批准的检查员核实：①（直接的或间接的）外国展出者数量不少于展出者总数的 20%；②（直接的或间接的）外国展览者的展出净面积不少于展览会净展出面积总数的 20%；③外国参观者人数不少于参观者总人数的 4%。

（4）展览会应使用适当的永久性设施，并向用户提供所需的一切服务，尤其是向展出者和外国参观者提供接待、协助和信息服务；申请表、广告材料、博览会目录除使用本国文字外，还应使用其他外国文字（法文、英文或德文）编印。

（5）在展览会举行地点或在展览会期间不能进行任何非商业性活动。在展览会期间举办的与展览会内容一致的科学、技术和教育大会及会议不受本条款制约。

（6）展览会只允许生产者、独家代理、批发商参展，不允许任何其他商人或代理商人参展。

（7）原则上禁止现金交易，即展出者在展台直接出售商品。

（8）展览会应定期举办，展期不超过两星期。

（9）作为国际性的展览会定期举办过至少三次。

当一名 UFI 成员意味着由它主办并由 UFI 批准的展览会符合 UFI 质量标准，展览设施和基础设施具有上乘的条件，能为参展商和参观者提供良好的服务，还能提供符合该国家和经济区域市场需求的相关行业完整的系列展品。目前我国有 39 个展览会获得 UFI 认证。其中内地 21 个，香港地区 15

个，台北地区3个。

二、国际展览会公约

（一）国际展览局

国际展览局（Bureau of International Expositions，BIE）是专门从事监督和保障《国际展览公约》的实施、协调和管理，举办世博会并保证世博会水平的政府间国际组织。其宗旨是通过协调和举办世界博览会，促进世界各国经济、文化和科学技术的交流和发展。

自1851年伦敦工业博览会以后，由于世博会举办得过于频繁，参展国财政负担加重，加上有些主办国家组织工作不够理想，导致矛盾迭起，影响了世博会的声誉和发展。为了控制世界博览会举办的频率和保证博览会的水平，来自欧洲的十几个国家的政府代表于1912年在柏林发起召开会议，初步制定了旨在协调、规范和管理举办世博会的《柏林协议》。并在《柏林协议》的基础上通过并签订了《国际展览会公约》，正式成立了具体实施此公约的机构——国际展览局。国际展览局总部设在法国巴黎，成员为各缔约国政府。联合国成员国、不拥有联合国成员身份的国际法院章程成员国、联合国各专业机构或国际原子能机构的成员国可申请加入。各成员国派出1～3名代表组成国际展览局的最高权力机构——国际展览局全体大会，在该机构决定世博会举办国时，各成员国均有一票。展览局下设执行委员会、行政与预算委员会、条法委员会、信息委员会四个专业委员会。国际展览局的日常工作由秘书长负责，主席在国际展览局举行全体代表大会和必要时履行领导职责。

提示：

国际展览局1993年5月接纳中国为正式成员国。中国国际贸易促进委员会一直代表我国政府参加国际展览局的各项工作。

（二）《国际展览会公约》

《国际展览会公约》（以下简称《公约》）于1928年11月22日在巴黎签署，并经1948年5月10日、1966年11月16日、1972年11月30日“议定书”和1982年6月24日及1988年5月31日的修改和补充。最后一次1988年5月31日通过的“修正案”于1997年正式生效。

《公约》明确了世博会的性质、举办条例、举办周期、申办程序以及主办国的责任和参加国的义务。《公约》对世界上不发达国家的参展，规定主办国有义务在参展费用方面给予优惠，并视情况予以资助。《公约》明确规定，任何国家都可以参加世博会，但只有国际展览局的成员国才有权申办世博会。

模块二　出国（境）举办展览会的资格审批

出国（境）办展是指符合《出国举办经济贸易展览会审批管理办法》规定的境内法人向国外经济贸易展览会主办者或展览场地经营者租赁展览场地，并按已签租赁协议，有组织地招收其他境内企业和组织派出人员在该展览场地上展出商品和服务的经营活动。境内企业和其他组织独自赴国外参加经济贸易展览会，赴我国香港、澳门、台湾地区举办、参加经济贸易展览会等活动，不适用该办法。

一、出国（境）举办展览会组办单位资格的规定

原外经贸部下发的《关于审核出国（境）举办经济贸易展览会组办单位资格的通知》以及《出国举办经济贸易展览会审批管理办法》对出国（境）办展的会展组织者资质作了明确规定。

1. 各省、自治区、直辖市和计划单列市外经贸主管部门；各省、自治区、直辖市和计划单列市贸促分会、各行业贸促分会；全国性进出口商会、中国外商投资企业协会均可出国（境）办展。此外，其他出国（境）办展单位必须具有对外贸易经济合作部（现商务部）审核批准的出国（境）办展组办单位资格。

2. 凡具备以下条件的单位，均可申请出国（境）办展组办单位资格：

（1）企业：①具有独立的企业法人资格，具备承担举办展览的民事责任能力和组织招商招展能力；②设有专门从事办展的部门或机构，并有相应的展览专业（包括策划、设计、组织、管理及外语）人员，具有完善的办展规章制度；③具有境内举办对外经济技术展览会主办单位资格；④具有因公临时出国（境）任务审批权（尚未与行政机关脱钩的企业除外）；⑤获得流通领域进出口经营权5年以上，且上一年度进出口额达1亿美元以上。

（2）事业单位和社会团体：①成立3年以上，具有独立的事业法人或社团法人资格，具备承担举办展览的民事责任能力和组织招商招展能力；②设有专门从事办展的部门或机构，并有相应的展览专业（包括策划、设计、组织、管理及外语）人员，具有完善的办展规章制度；③开办经费或注册资金不少于300万元人民币；④具有行业代表性；⑤具有境内举办对外经济技术展览主办单位资格；⑥事业单位或社会团体本身或其上级主管部门具有因公临时出国（境）任务审批权。

3. 各省、自治区、直辖市和计划单列市外经贸主管部门可指定或设立一至两家展览机构，专门组织本地区内的企业出国（境）办展。该机构必须具有独立的法人资格，具备承担举办展览的民事责任能力和组织招商招展能力，并有相应的展览专业（包括策划、设计、组织、管理及外语）人员，具有完善的办展规章制度。

二、出国（境）办展的项目申报及审批程序

（一）审批机构及权限

中国国际贸易促进委员会负责出国办展的审批和管理。商务部负责出国办展的宏观管理，对组展单位进行资格审查，对出国办展工作进行监督检查。

贸促会代表国家出国办展计划，经商务部、外交部和财政部会签后，报国务院审批，其他出国办展计划一律由贸促会审批。

（二）审批依据

我国外交、外经贸工作需要；赴展国政治、经济情况；我国驻赴展国使

领馆商务机构意见；赴某一国家、城市、展览会项目集中程度；展览会实际效果；组展单位上年度项目实施情况；对本办法的遵守情况以及组展单位的资质等。

（三）项目申请的受理与审查程序

1. 组展单位应以书面形式逐个提出项目申请。项目申请应包括以下材料：(1) 项目申请报告。(2) 按规定填写的“出国举办经济贸易展览会申请表”原件及电子文本。(3) 我国驻赴展国使领馆商务机构同意函复印件。(4) 首次提出项目申请的组展单位，除应提供前款规定的项目申请材料外，还应提供以下材料：项目可行性报告及与国外展览会主办者或展览场地经营者联系的往来函件复印件；法人登记证书复印件（验证原件）；会计师事务所出具的验资报告、财务年度报告、资产负债表复印件；税务机关出具的完税证明原件；事业单位批准成立机关或社会团体、基金会、民办非企业单位业务主管单位出具的同意事业单位或社会团体、基金会、民间非企业单位出国办展的批准件原件；有因公出国任务审批权的部门和单位出具的同意向参展企业发出因公临时出国任务通知书的证明函原件。

2. 申请与受理。组展单位可在每年 2 月、5 月、8 月、11 月的最后一个工作日前向贸促会递交项目申请。

每年 3 月、6 月、9 月、12 月的第一个工作日为贸促会受理的起算日。项目开幕日期距受理起算日不足 6 个月的，不予受理。对于连续举办五届以上的或因展览会筹备周期长需提前审批的项目，贸促会可提前予以批准并核发“出国举办经济贸易展览会批件”。

贸促会自受理起算日起，原则上只对 6 ~ 12 个月以后开幕的项目集中审核，并在 20 个工作日内作出是否批准的决定。符合条件的，核发“出国举办经济贸易展览会批件”，抄送相关部门；不符合条件的，说明理由，并告知申请人享有依法申请行政复议或者提起行政诉讼的权利。贸促会在核发“出国举办经济贸易展览会批件”前，将拟批准的项目送商务部会签。商务部在收到会签函后 10 个工作日内回复会签意见。对于赴未建交国家的项目，贸促会同时送外交部会签。外交部在收到会签函后 10 个工作日内回复会签意见。

对于经批准的项目，组展单位还须最迟在展览会开幕前两个月向贸促会提出出国办展人员复核申请，包括以下材料：人员复核申请报告；按规定填写的“出国举办经济贸易展览会人员复核申请表”原件及电子文本；国外展览会主办者或展览场地经营者出具的展览场地使用权确认函复印件；保护知识产权工作方案和国外突发事件应急处理预案。贸促会在收到申请后 10 个工作日内作出是否复核的决定。符合规定的，核发“出国举办经济贸易展览会人员复核批件”，抄送相关部门；不符合规定的，说明理由。项目一经批准，组展单位不得随意变更、取消；如确需变动，组展单位须在展览会开幕日期 3 个月前连同变动理由通报贸促会和有关驻外使领馆商务机构。贸促会应及时公示经批准的项目，并依法通报有关行政管理部门。

（四）对出国（境）办展申报审批中组展单位等有关当事人的违法行为的处罚

《出国举办经济贸易展览会审批管理办法》针对组展单位等有关当事人的不同违法行为规定了不同的处罚措施，具体如下：

1. 组展单位有如下行为之一且情节较轻的，贸促会给予通报批评：（1）未经批准，出国办展；（2）转让批件；（3）借出国办展名义公费旅游；（4）擅自增加展团人数或延长在外天数；（5）侵犯参展企业利益；（6）其他较轻的违规行为。

2. 组展单位在筹展过程中出现严重违规行为的，贸促会可中止已批准的出国办展计划。

3. 组展单位有如下行为之一的，贸促会暂停一年受理出国办展计划申请：（1）未经批准出国办展，造成严重后果；（2）涂改、倒卖批件或多次转让批件；（3）严重违反外事和财经纪律，造成不良影响；（4）侵犯参展企业利益，屡遭投诉；（5）其他情节较重的违规行为。

4. 组展单位有如下行为之一的，商务部给予撤销出国办展资格的行政处罚：（1）未经批准，多次出国办展；（2）伪造批件或多次涂改、倒卖批件；（3）在外严重损害我国对外形象；（4）两年内多次受到贸促会处罚；（5）其他严重违规行为。

5. 对在出国办展中触犯法律的有关人员，依法追究法律责任。

模块三　国外参展的准备

一、展览团的出境监管

（一）对人员的出境监管

有关监管部门凭贸促会核发的“出国举办经济贸易展览会批件”（以下简称“批件”），核发展品出境所需单证。出入境检验检疫机构凭贸促会核发的“批件”办理展品查验手续。海关根据出口展品监管的有关规定，凭贸促会核发的“批件”及有关监管部门核发的展品出境所需单证，办理展品查验放行手续。各级外汇管理部门和外汇指定银行凭贸促会核发的“批件”办理场地租用和展品运输外汇使用手续。各级商务、外事、外汇管理部门和外汇指定银行凭贸促会核发的“出国举办经济贸易展览会人员复核批件”，办理参展人员出国、外汇使用手续。

（二）展览团的管理

根据《出国举办经济贸易展览会审批管理办法》的规定，展览团在出国办展时应遵守以下规定：

1. 组展单位应向相关企业提供准确、全面的展览会信息，与参展企业签订正式的参展合同，严格遵守我国法律、法规，信守承诺，注重服务，合理收费。

2. 组展单位应鼓励参展企业选择高新技术、高附加值和适销对路的商品参加展出，严禁假冒伪劣、侵犯知识产权的商品参展。

3. 组展单位应加强对出国人员的管理，组织参展人员进行出国前外事纪律、保密制度、知识产权保护、涉外礼仪等方面的学习，严禁借出国办展之机公费旅游，与参展业务无关的人员不得参加展览团；如有省部级人员参加展览团，须按照有关规定履行报批程序。

4. 展览团人员原则上按照每个标准展位（3 米 ×3 米）两人计算，在外天数按照实际展出天数前后最长各加 4 天计算，不得擅自增加人员和延长在外天数。

5. 组展单位应制订严格的展览团管理方案，切实加强对展团的领导。注重展团对外形象，组织参展企业做好布展工作，并组织企业积极开展市场调研和贸易洽谈。展出期间，参展人员不得擅离展位。

6. 组展单位应接受我驻赴展国使领馆的领导，及时向使领馆汇报办展情况；严格遵守赴展国法律、法规，尊重当地习俗，遵守展（博）览会的各项规定。

7. 对参加同一展（博）览会组展单位多、展出规模大的展览团，由贸促会会同商务部制定相应管理办法予以管理。

8. 组展单位须在展览会结束后 1 个月内将出国办展总结和按规定填写的“出国举办经济贸易展览会情况调查表”原件及电子文本报贸促会和商务部。总结中，须专题汇报组展单位实施保护知识产权工作方案的情况，如实提供展出过程中涉及知识产权争议的参展公司名称，描述有关争议情节。贸促会将经过司法程序判定为侵犯知识产权的参展公司名称及相关信息向社会公示。贸促会会同商务部于每年 3 月底前将上年度出国办展情况报送国务院。

二、展品的出境监管及报关程序

（一）展品的出境监管

出国展览，展品需要出境，因此需要办理海关手续。

出境展品是指国内各单位为了到国外或港澳地区举办经济、贸易、文化、科技等展览会、博览会、交易会等而暂时运出的展品，以及有关的宣传品、布置品、招待品、小卖品和其他公用物品。

海关报关手续可以由展出者办理，也可以委托运输报关代理办理。但是，有些国家和地区海关规定必须由报关代理办理。因此，做好展品运输报关工作，关键在于选好运输代理公司（主要是国外专业运输代理公司），了解和掌握赴展国海关关于展品入境报关的有关规定和相关知识，做好充分周到的展前筹备工作。展品出境展览，需办理的海关手续主要分为以下四个环节：（1）出国前在本国海关办理出关报关手续；（2）在展出地海关办理进关报关手续；（3）展后展品回国前，在展出地海关办理出关结关手续，也称再出口报关；（4）待展品运回国后，在本国海关办理进关结关手续，也称再进口报关。

综观各国展品海关监管的情况，其内容主要涉及以下几个方面：

1. 海关关于展品临时入境的规定。该规定包括是否允许办理展品临时入境，临时入境是否需要办理银行担保、缴纳保证金或押金等。

2. ATA单证册情况，即指赴展国是否接受ATA单证册，为展品加设临时入境手续。ATA单证册是一份国际通用的海关文件，是世界海关组织为暂准进口货物专门创设。目前，实行ATA单证册制度的国家有58个，每年凭ATA单证册通关的货物总值超过120亿美元。ATA单证册已成为应用于暂准进口货物的最主要的海关文件，也是国际展览界在办理出展、来展时普遍使用的商务工具。我国于1998年开始实行ATA单证册制度，中国贸促会、中国国际商会为我国ATA单证册出证和担保商会。

3. 限制入境物品和通关的特殊规定。这是指一些国家对某些展品入境实行限制入境和许可证管理，以及对食品、药品等特殊商品入境需办理检验检疫和卫生健康证书等方面的特殊要求和规定。

4. 关税和增值税情况。这主要是针对展览样品和展览用折页及宣传材料入境是否需要缴纳关税和增值税等方面的规定与信息。

5. 报关文件，包括海关要求报关文件使用的语种、报关文件的数量以及报关文件送达运输代理公司的时间要求等。

6. 运输报关工作中有关时间要求和信息，包括展品运抵赴展国的时间期限等。

（二）出境展品的出关报关程序

1. 申报。为举办出国展览（销）会而筹集的展品出口时，组织出国展览（销）的单位持下列单证向出境地海关申报：(1) 归口审批部门的批件。按规定，出境举办的经济、贸易展览会应由中国国际贸易促进委员会归口审批；科技展览会由国家科委审批；文化展览会由文化部审批。(2) 展品清单一式两份。展品清单上应列有唛码、件数、名称、规格、数量、价格等内容。(3) 如由外贸、工贸公司主办又属实行许可证管理的商品，须提交出口货物许可证；非外贸单位主办的，不论是否属实行许可证管理的商品，则一律须提交该证。(4) 出口货物报关单一式三份。(5) 运输单据。

2. 海关查验放行。海关对出口展品清单予以检查后验放。

3. 说明。展品如明确为在国外销售的，又属于应征出口税的，由海关征税放行。如未明确，而在国外发生销售，则在其余展品复运回国时，予以补征。

（三）复运入境的展品的进关结关程序

1. 申报。展品复运入境时，组织出国展览（销）的单位应持下列单证向入境地海关申报：(1) 原出口报关清单和回国展品清单一式两份，注明原出境日期、地点、运输工具名称、展出国家或地区，以及在国外展出期间对展品的出售、赠送、放弃、消耗或留给我驻外机构使用等处理情况。(2) 运输单据。(3)“进口货物报关单”一式三份。(4) 回运致海关函。(5) 出口货物许可证。(6) 出售展品报关通知单、出售展品发票。(7) 外汇核销单。

2. 海关查验放行。海关查验上述物品时，组织出国展览（销）的单位应当在场，并根据海关的要求开拆包装。应当将查验放行展品的情况和日期在展品清单上注明后，一份留存，一份寄给组织出国展览单位所在地的海关，以便办理核销工作，也可按照“海关监管货物”办理转关运输手续。

3. 说明：（1）如果出国展览（销）的单位要求将展品运至其所在地海关办理海关手续时，入境地海关可按“转关运输货物”办理手续。（2）展品复运进口时，不准在装展品的容器内装入个人物品或装其他非展览物品。组织出国展览（销）的单位进口在国外展出期间购买、接受的物品、礼品、样品及其他资料，则须按海关规定，另行包装并开列清单，向入境地海关申报进口。对购买的物品，除供工作人员在国外集体使用的食宿用具外，还须交验国家外经贸部的批准文件，由海关征税或者免税后验放。

模块四　办好境外展览

一、出国（境）参展外事纪律

（一）外事纪律

1. 严格遵守国家法令和外事纪律及外事授权规定，一切行动听指挥。

2. 维护民族尊严、国家利益和公司信誉，不做任何有损国格和公司信誉的事情。

3. 进行谈判、签订协议、合同等重要活动时，要有谈话记录；不得利用工作之便谋求私利，不得背着组织与外商私下交往。

4. 参加外事活动，与外宾接触，言谈要有分寸，礼貌要合乎常规。对客户和参观者的询问要热情接待和回答，不得冷落客人。

5. 严守国家机密，严防窃照、窃听、泄漏国家机密。对外谈判不要涉及内部机密。与外商谈判时不要把机密文件放在桌上。出国不得携带内部机密文件，包括本公司复印的内部资料、内部报刊或记有内部情况的笔记本。

6. 出国人员不得擅自离开驻地。一般情况下，不得个人单独行动，如有特殊事情需要通过正当程序向团长请假。未经许可，不得擅自与外国任何机构和个人联系。

7. 出国人员的个人行李物品要严格保管、加锁，提高警惕，发现可疑情况要立即报告，并进行检查。

8. 出国人员不得进入不健康的场所，不准购买黄色书刊、图片出入境。

（二）对外礼仪

在国际交往中，每个人都在一定程度上代表着国家和民族，因而要掌握国际交往常识和社交礼节。

1. 尊重各国风俗习惯，遵守社会公德。

2. 举止端庄，注意言行，不要用手指指人，不喧哗，不放声大笑，不要近距离大声喊人。

3. 切勿随地吐痰，不要乱扔烟蒂或其他废弃物品。

4. 国外许多场合禁止吸烟，所以要注意是否有禁烟标志。

5. 进餐时要文雅，切勿高声喧哗。吃自助餐，不要一次盛得过多，不要将食物带走。

6. 初次相识，一般由第三者介绍或自我介绍。为他人介绍，应把身份低、年纪轻的介绍给身份高、年纪大的，把男士介绍给妇女。

二、出国（境）参展的外汇收支规定

1. 国内单位出国举办或参加各类经贸、科技展览会（博览会），应严格按照《在国外举办经济贸易展览会的审批管理办法》的规定办理审批手续。未经批准者，国家外汇管理局或其分局不予批准用汇，银行不予办理有关汇款手续。

2. 国内单位举办或参加上述展览会（博览会），应以留成外汇或专项外汇支付国外有关费用，不得以出售展品收入抵付展览费用。参展单位应凭“出国参展费用开支预算表”及主办单位的付款通知到当地外汇管理分局办理外汇划拨或汇出手续。

3. 凡由国内单位组团参展的，参展单位应以外汇额度配人民币汇给组团单位，当地外汇管理分局应对其需调出的外汇额度进行审查，对符合规定的，允许调出并在外汇额度调拨单备注栏注明“已扣出国指标”字样。若组团单位无额度账户，可持有关参展批件到当地外汇管理分局申请开立临时外汇额度账户。

4. 国内参展单位中的“三资”企业和经批准允许保留并使用现汇的单位可用现汇支付有关费用，组团单位报经当地外汇管理分局批准，可开立临时现汇账户。

5. 组团单位对国内参展单位提供服务，只能收取人民币手续费（或服务费）。

6. 出国举办或参加展览会（博览会），在展览会期间出售展品所得的外汇收入，一律调回国内并到银行结汇，按规定办理留成。展览会（博览会）结束后，参展单位须持填写的“出境展品销售情况表”、收汇凭证和国内银行结汇水单、出入境海关报关单复印件到当地外汇管理分局办理核销手续。

7. 对违反本规定第2、3、4、5、6条的参展或组团单位，国家外汇管理局及其分局将按《违反外汇管理处罚实施细则》的有关规定予以处理。

三、展品的安全、物流与保险

我国一般均全权委托外运公司进行（外运公司通常又与其在展地国的运输代理公司合作进行）展品的物流与保险工作。按外运公司的要求，展览组织者应提供有关展品的资料。

（一）注意事项

1. 抵港时间，最好稍留余地，以防港口至展馆途中的意外延误。但抵港时间亦不宜过早，否则会增加仓储费用和展品受损的可能。

2. 展品使用出口包装，具备集装箱运输条件的，尽量使用集装箱运输方式；在散装出运时，尽量在配载时考虑到港后卸货的便捷。

3. 唛头、箱号、装卸运输标志明显，展览道具箱外唛头的拟定一般以取展地国大写第一个字母，加上展出年，如 1988 年赴意大利展览，唛头即可定为 I1988。此外，道具箱外刷制的唛头及各类标志，通常为：唛头、箱号、体积、重量、吊钓批示符号和防雨、易碎等安全标志。

（二）说明

1. 送交海关一式两份的展品清单，要分别列出展品清册、卖品清册、宣传品清册、展览道具清册。

2. 展出国文种与展地国文种相对照；有些国家要求标明每件展品毛重、净重。

3. 需交验本国出口商品检验局出具的展品与卖品商检证书。

4. 对某些食品、毛皮制品等，尚须出具检疫证书。

（三）展品的安全与展后处理

我国出国展品的投保一般在国内进行，投保的项目一般是火险、水险、盗窃险。投保的作用主要是防备万一发生事故和失窃，尚可得到部分的补偿。但补偿永远不会与失去的价值相等，特别供展览、销售的展卖品，其价值是难以追加的。所以，防患于未然是至关紧要的大事。防火处理、防火装置、防盗措施、安全守卫与检查制度都应完善和健全，并贯穿于开箱至装箱的整个展览活动过程。特别是对那些"价值连城"的珠宝、文物之类，更应重点加以保护，力求做到万无一失。

对展品的处理，一般有这样几种情况：(1) 国内指定不出售的，应原件运回。(2) 贵重展品，一般可采取个别成交的办法或寄售的办法。若二者都不成，则需运回。(3) 中、低档商品一般采取折扣包销的办法，在展览中蒙尘、光彩失色、吊挂受损之物，折扣较大（高档的商品、艺术品一般不打折扣，有些令人瞩目的精品会因展览而身价上升）。(4) 展览道具类，除了铝合金组装式道具之外，一般不具有重复使用价值，出于运费的考虑，大多就地处理或出售，或赠送，或作废物处理。

一个展览会的价值往往会被为数不多的贵重展品占去一半或大半。所以展品处理的重点实际就在这些贵重展品的出售上，很多展团为此大伤脑筋。而日本横滨在 1980 年举办的上海工艺美术展览为此提供了经验。在展览开幕之前，将贵重展品作成精致的样本，附上一张开幕请柬，通过当地的赞助机构派人送到当地的一些准买主手中，这就为目标买主的莅临展览、购买展品做了很好的公关宣传工作，其结果是，销售成绩极佳。

（四）出国（境）办展展品运输与保险

1. 展品的国际运输。在境外组织或参加国际展览会会涉及展品的国际运输。作为会展物流的一种形式，它与我们在第五单元所讲的国内运输有所差别。

(1) 涉外海上运输。**对外海上货物运输是指用海船将货物从一国的港口通过海上，包括与海相通的可航水域，运至另一国港口的运输**。它具有运量大、运价低、可通达各沿海国家和地区的口岸等优点。它是我国对外贸易运输的主要方式，1993 年 7 月 1 日生效的《中华人民共和国海商法》（以下简称《海商法》）是调整我国对外海上货物运输的主要法规。

对外海上货物运输，即《海商法》所调整的国际海上货物运输，是通过海上货物运输合同的订立和履行的方式实现的。**所谓海上货物运输合同，是指承运人收取运费，负责将托运人托运的货物经海路从一港运至另一港的合同。**它主要有两种形式：班轮运输合同和租船运输合同。其中，班轮运输合同又称“**提单**”。

①班轮运输是指托运人将一定数量的货物交给作为承运人的轮船公司，轮船公司按固定航线，沿线停靠固定港口，按固定船期和固定费率进行的运输。它多用于运输数量少、货价高、交货港分散的货物，是海上货物运输中使用最为广泛的一种方式。

②租船运输是指承运人租用船舶的全部、部分或指定舱位运送货物的一种运输方式。租船一般用于大宗货物运输。各国法律一般不允许双方当事人自由商定租船合同的条款，不受有关提单运输的法律或国际公约的管辖。但如果船长收到货物后给托运人签发了提单，则这种提单受有关提单运输的法律或国际公约的管辖。租船合同与提单不同之处在于：性质有差别，提单只是运输证明，而租船合同本身就是合同；作用有差别，提单是收据，是货物的物权凭证，租船合同只有运输合同的作用。

（2）涉外航空运输。航空运输具有速度快，货物受损率低和不易受地面条件限制等优点。其费用开支项目少，但其运输费率高于海上运输和铁路运输，适于某些急需货物、鲜活商品、易碎易损和贵重物品的运输。目前，调整我国对外航空货物运输的法规主要有中国民用航空总局制定的《国际货运规则》和我国参加的《统一国际航空运输某些规则的公约》（简称《华沙公约》）和《修改 1929 年 10 月 12 日在华沙签订的统一国际航空运输某些规则的公约的协定书》（简称《海牙议定书》）。我国与上述公约和议定书成员国间的航空货物运输分别适用公约和议定书的有关规定。航空运输的方式包括班机运输和包机运输。

（3）涉外铁路运输。铁路货物运输具有运量大，速度较快，受气候条件影响小，能长年运输和风险相对较小优点。它是陆地货物运输的主要方式，尤其适用于内陆运输。我国与朝鲜、蒙古、俄罗斯、越南等因都有铁路相通，对中东地区、欧洲的货物运输均可采用铁路运输方式。铁路运输在我国对外资物运输中占有重要地位，其运量仅少于海上运输。我国与前述邻国间的铁路货物运输，彼此用一份统一的国际联运单据，由铁路部门办理货物的全程运送，不需发货人或收货人直接参加货物跨越国境时的交接，其中各方当事人之间的权利义务关系一般由我国参加的《国际铁路货物联运协定》（简称《国际货协》）调整，朝鲜、蒙古、越南、俄罗斯均是该协议的缔约国。

（4）集装箱运输和多式联运。集装箱运输是指把货物装进特制的专用于装货运输的集装箱内进行的运输。它具有装卸效率高，车船周转快，劳动强度低，货损误差少等优点。运输途中只需移动箱子，不用重新装卸箱内货物，就可迅速从一种运输工具直接换到另一种运输工具上。

对外货物多式联运是指按照一个多式联运合同，以至少两种不同的运输方式，由多式联运经营人将货物从一国境内接管货物的地点，运至另一国境内指定交付货物的地点。货物多式联运是伴随着集装箱货物运输的发展而发展起来的，它把传统的分阶段的不同运输过程连结为统一的整体；把各种单一的运输方式进行有机组合，根据需要进行海陆、陆空或海陆空联运方式；实现承运人从托运人的工厂或仓库接管货物、负责运至收货人的工厂或仓库的所谓“门到门”运输。

2. 涉外保险。保险是一种经济补偿制度，同时也是一种法律关系。涉外会展保险是在会展活动中一种具有涉外因素的经济补偿制度与法律关系。

涉外会展保险作为一种经济补偿制度，通过合理的计算，收取保险费，集中对涉外会展、贸易活动中有同一危险的多数单位的资金建立保险基金，利用“分散危险，分摊损失”的办法，对中外被保险人由于特定危险事故或特定事件的发生所造成的损失给予经济补偿，或对人身伤亡给付保险金。凡是涉外的企业或其他单位利用外资或使用外汇的保险业务，不论以外汇还是人民币投保，均属涉外保险。

涉外会展保险的种类主要有：(1) 进出口运输货物保险，会展运输中则是主要以展品为保险标的的保险；(2) 建筑工程或安装工程险，展台的搭建则可参加此险；(3) 财产险；(4) 汽车和第三者责任险；(5) 雇主责任险；(6) 营业中断险；(7) 产品责任险；(8) 出国劳工人身意外险等。

本单元知识结构图

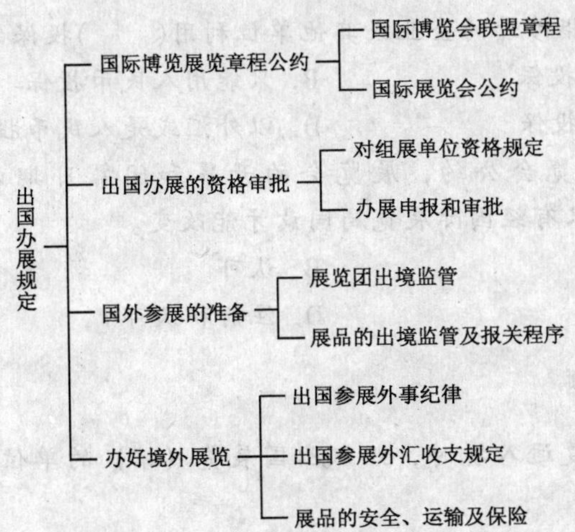

关键词

出国（境）办展　出境展品

练习与实训

一、填空题

1. 出国办展须经＿＿＿＿＿＿审批（会签商务部）。

2. 出境展品的报关程序主要有＿＿＿＿＿＿、＿＿＿＿＿＿。

3. 涉外会展保险是通过合理的计算收取保险费，集中对涉外会展、贸易活动中有同一危险的多数单位的资金建立保险基金，利用“＿＿＿＿、＿＿＿＿”的办法，对中外被保险人由于特定危险事故或特定事件的发生所造成的损失给予经济补偿，或对人身伤亡给付保险金。

4. 集装箱运输具有＿＿＿＿、＿＿＿＿、＿＿＿＿、＿＿＿＿、＿＿＿＿等优点。

5. 组展单位可在＿＿＿＿＿＿向贸促会递交项目申请，＿＿＿＿＿＿为贸促会受理的起算日。

二、单项选择题

1. 经 1948 年大会批准，国际博览会联盟的标志为(　　)。

A. UFI　　B. UFO

C. FUI　　D. FUO

2. (　　)是联盟的最高权力机构。

A. 指导委员会　　B. 事务局

C. 秘书长　　D. 联盟大会

3. 涉外保险是指涉外的企业或其他单位利用(　　)投保的保险业务。

A. 只能用外币投保　　B. 只能用人民币投保

C. 只能用外汇投保　　D. 以外汇或是人民币投保均可

4. 依照国际展览会公约，展览会的开幕和闭幕日期以及主要特点应于(　　)时确定，且只有经国际展览局同意才能改变。

A. 注册　　B. 认可

C. 注册或认可　　D. 注册和认可

三、多项选择题

1. 展品从境外复运入境时，组织出国展览（销）的单位持(　　)向入境地海关申报。

A. 展品清单一式两份　　B. 运输单据

C. 归口审批部门的批件　　D. “进口货物报关单”一式三份

2. 下列(　　)是出国办展的审批依据。

A. 赴展国政治、经济情况　　B. 我国驻赴展国使领馆商务机构意见

C. 展览会实际效果　　D. 赴某一国家、城市、展览会项目集中程度

3. 国际展览会公约适用于除(　　)展览会以外的一切国际展览会。

A. 三年一届的米兰装饰艺术和现代建筑展览会

B. 展期不超过3个星期的展览会

C. 实质上具有商业性质的展览会

D. 美术展览会

4. 出国组展单位应当具备(　　)的条件。

A. 依法登记注册的企业、事业单位、社会团体、基金会、民办非企业单位法人，注册一年以上，具有与组办出国办展活动相适应的经营（业务）范围

B. 具有相应的经营能力，净资产不低于300万元人民币，资产负债率不高于50%

C. 具有向本国企业发出因公临时出国任务通知书的条件

D. 法律、法规规定的其他条件

5. 以下属于涉外会展保险的有(　　)。

A. 进出口运输货物保险　　B. 建筑工程或安装工程险

C. 产品责任险　　D. 出国劳工人身意外险

四、判断题

1. 保险公司承保时，通常是根据货物的性质，按保险金额的一定比例收取相应的保险费。(　　)

2. 国内参展单位中的“三资”企业和经批准允许保留并使用现汇的单位可用现汇支付有关费用，组团单位报经当地外汇管理分局批准，可开立临时现汇账户。(　　)

3. 涉外铁路运输具有运量大，运价低，可通达各沿海国家和地区的口岸等优点。(　　)

4. 按规定，出境举办的经济、贸易展览会应由中国国际贸易促进委员会归口审批；科技展览会由国家科委审批；文化展览会由文化部审批。(　　)

5. 无论主办者对展览会冠以何种名称，国际展览会公约均认定注册类展览会和认可类展览会之间存在差别。(　　)

五、简答题

1. 为举办出国展览（销）会而筹集的展品出口时，组织出国展览（销）的单位应持哪些单证向出境地海关申报？

2. 具有哪些特点的国际展览会可得到国际展览局的认可？

3. 请简述出国办展的定义。

六、知识拓展

[要求] 上网查找《国际展览会公约》、《国际博览会联盟章程》、《中华人民共和国海关对进出口展品监管办法》等相关法律法规并仔细阅读。

主要参考文献

1. 曾亚强、张义等:《会展概论》,化学工业出版社2007年版。
2. 孙明贵:《会展经济学》,机械工业出版社2006年版。
3. 向国敏:《会展实务》,上海财经大学出版社2005年版。
4. 刘松萍、郭牧、毛大奔:《参展商实务》,机械工业出版社2005年版。
5. 郑彬:《会展物流》,电子工业出版社2007年版。
6. 周利方、沈全:《会展政策与法规》,立信会计出版社2006年版。
7. 杨顺勇、曹扬:《会展手册》,化学工业出版社2007年版。
8. 杨顺勇、牛淑珍、施谊:《会展风险管理》,化学工业出版社2007年版。
9. 郑彬:《会展概论》,电子工业出版社2007年版。
10. 桑德拉(美):《展会艺术:展会管理实务》,上海远东出版社2005年版。
11. 沈丹阳:《中国展览概述》,中国劳动社会保障出版社2006年版。
12. 陈来生:《会展经济》,复旦大学出版社2005年版。
13. 卢发翠:《会展设计》,电子工业出版社2007年版。
14. 朱余桂:《中国会展业法规资讯实用手册》,中国海关出版社2003年版。
15. 韩福文、夏学英:《会展政策与法规》,中国商务出版社2006年版。
16. 朱余桂:《会展法概论》,高等教育出版社2004年版。
17. 杨朝辉:《会展政策与法规》,重庆大学出版社2007年版。
18. 王玉松:《会展业的法律规制》,上海人民出版社2005年版。
19. 刘均:《风险管理》,中国金融出版社2005年版。
20. 王起静等:《会展项目管理》,中国商务出版社2004年版。
21. 刘大可等:《会展经济理论与实务》,首都经济贸易大学出版社2006年版。
22. 沈建明:《项目风险管理》,机械工业出版社2004年版。
23. 王绪瑾:《保险学概论》,中央广播电视大学出版社2004年版。
24. 龚峰:《保险理论与实践》,中国财政经济出版社2005年版。
25. 王春雷等:《展览会策划与管理》,中国旅游出版社2006年版。
26. 罗荣等:《经济法教程》,华南理工大学出版社2005年版。
27. 李永江:"中国展览业发展现状白皮书(摘要)",《中国会展》,2005年第5期。